옮긴이 양준호

인천대학교 경제학과 교수이자 동 대학 후기산업사회연구소 소장. '이타심 경영', '아메바 경영'과 같은 이나모리의 경영철학을 국내에서 가장 깊이 이해하고 있는 전문가로 평가받는다. 《경영, 이나모리 가즈오 원점을 말하다》 《이나모리 가즈오의 마지막 수업》《아메바 경영》《일심일언》《생각의 힘》 등 이나모리 가즈오의 수많은 저서들을 우리말로 옮겼고, 지난 2017년 설립된 세이와주쿠 한국지부의 초대 교장으로 부임하여 이나모리 경영철학과 경영학을 전파하는 일에 힘썼다. 정치경제학적인 문제의식을 바탕으로, 대안적인 기업모델을 연구함과 동시에 '후기산업사회' 시대에 필요한 기업들의 새로운 경영철학을 이나모리 가즈오의 문제의식에서 찾는 데 주력하고 있다. 지은 책으로 《교토 기업의 글로벌 경쟁력》《식민지기 인천의 기업 및 기업가》 등이 있다.

편집 이나모리 라이브러리

교세라 창업자인 이나모리 가즈오의 인생철학과 경영철학을 계승해 만든 단체. 이나모리 가즈오에 대한 자료를 보관하고 관리하는 것 외에도 사회적인 요청에 따라 그와 관련된 다양한 정보를 제공하고 있다. 또한, 전시 시설을 통해 이나모리의 인생과 경영철학을 바탕으로 한 다양한 족적 및 사회활동을 일반인들에게 소개하고 있다.

이나모리 라이브러리 https://www.kyocera.co.jp/inamori/library/

이나모리 가즈오,
부러지지 않는 마음

| 일러두기 |

이 책은, 이나모리 가즈오의 다양한 '리더십 강연' 중 일부를 선별해 수록해 놓은 것으로,
교세라의 리더들뿐 아니라 젊은 경영인 모임이나 비즈니스 스쿨의 청중을 위한
강연도 함께 수록되어 있습니다. 각 강연의 출처는 이 책의 부록을 통해 확인할 수 있습니다.

또한 책의 모든 내용은 이나모리 가즈오 명예회장의 철학적 정수를 정리한
'필로소피'를 기초로 합니다. 책의 내용을 더 깊이 이해하고자 하신다면
이나모리 가즈오 공식 웹사이트의 필로소피 한국어 페이지를 방문해 보세요.
https://korea.kyocera.com/inamori/philosophy/index.html

DARENIMO MAKENAI DORYOKU
By Kazuo INAMORI
Edited by The Inamori Library
Copyright © 2024 KYOCERA Corporation
All rights reserved.
First original Japanese edition published by PHP Institute, Inc., Japan.
Korean translation rights arranged with PHP Institute, Inc.
through Danny Hong Agency

이나모리
가즈오,

· · ·

誰にも負けない努力

부러지지
않는 마음

당신은 끝까지
해내는 사람인가

이나모리 가즈오
이나모리 라이브러리 편집
양준호 옮김

21세기북스

마음이 복잡할수록,
원칙에 더 집중한다

사회가 빠르게 변화해가는 이 시대야말로 '리더의 수난시대'라고 할 수 있을 것이다.

즉, 지금 이 시대를 살아가는 리더는 국적은 물론, 다양한 경력과 가치관을 지닌 구성원들을 이끌어서 하나의 조직으로 융합시켜야 할 뿐 아니라 기업의 높아진 사회적 책임compliance에 발맞춰 직장 내 괴롭힘이나 성희롱 등에도 주의를 기울여 지도해야 한다. 그뿐만이 아니다. 일하는 방식을 개혁해야 한다는 요구에 따라 한정된 시간 내에 효율적으로 업무를 수행할 수 있도록 직원들을 이끌어주어야 한다.

하지만 그중에서도 가장 중요한 것은, 이 같은 환경적 변화의 급물살에도 리더의 본질을 잃지 말아야 한다는 점이다. 변화가 급격할수록 오히려 보편적인 판단 기준을 지키고, 명확한 지침 하에 조직을 하나로 이끄는 그 목표를 잃어버려서는 안 된다. 현재 많은 리더들이 자신의 리더십에 의구심을 품기도 하지만 오히려 지금이야말로 리더란 어떠해야 하는지 다시금 원점으로 돌아가 본연의 자세를 근본부터 바로잡아 나가는 게 필요하다. 동시에 리더십을 어떻게 발휘해야 하는지에 대한 실천적인 지침을 마련해야 한다.

이 책은 PHP연구소의 경영이념연구본부와 교세라 이나모리 라이브러리와의 '공동 연구회'를 통해 출간됐다. PHP연구소는 그동안 마쓰시타 고노스케松下幸之助의 강의록을 바탕으로 수많은 서적을 출간해왔는데, 그 경험과 지식을 배우기 위해 이나모리 라이브러리가 PHP연구소와의 '공동 연구회'를 마련하였고 그것을 통해 이 책 역시 탄생하게 되었다.

2010년 2월부터 대략 4년 동안 총 27회의 연구회가 열렸고, 그것을 통해 나의 방대한 강의록을 한데 모아 초급 관리자부터 경영자에 이르기까지 이 세상의 모든 리더들에게 전해야 할 메시지들을 일목요연하게 정리할 수 있었다. 또한 이 메시지들을 '리더 입문서'로서 세상에 내놓기 위해 편집에도 공을 들였다.

처음부터 출판을 염두에 둔 것은 아니었다. 하지만 PHP연구소의 시미즈 다카토시清水卓智 사장으로부터 "요즘 미숙한 리더 때문에 기업이나 조직에서 일어나는 불상사를 보다 보면, 앞으로 일본을 이끌어나갈 젊은 리더들을 위해 당신의 철학을 보다 확실히 전해야겠다는 생각이 든다"는 편지를 받고서, 길을 잃어버린 이 시대의 리더들에게 조금이나마 도움이 되었으면 하는 마음으로 출판을 결정하게 되었다.

이 책에 수록된 메시지들은 주로 회사 안팎의 리더들을 위한 것이다. 나는 사람들 앞에서 강연할 때마다 탁상공론 대신 수많은 걸림돌들을 직접 헤쳐 나가며 온몸으로 느낀 것들을 진심으로 전하고자 노력했다. 따라서 이 책에 수록되어 있는 발언들은 나의 경영철학이자 내 삶 그 자체이기도 하다. 아무쪼록 내 삶과도 같은 말로 엮인 이 책이 모든 리더들에게 현장감 있는 '리더십 지침서'가 되어주었으면 한다.

2010년 2월 1일은, 내가 2차 파산의 위기에 내몰린 일본항공 JAL의 회장으로 취임한 날이다. 재건의 임무를 맡은 나는 경영진뿐 아니라 조종사와 CA, 정비사와 지상직 승무원 등, 항공사의 모든 파트 리더들에게 의식의 변화를 촉구했다. 이 책에서 강조한 것처럼 생각과 태도가 지닌 힘을 설명하고, 이상적인 변화를 이끌어 내기 위해 전심으로 노력했다.

그리고 마침내 2012년, 32,000명 직원들의 헌신적인 노력으로 JAL은 재상장에 성공했을 뿐만 아니라 세계 유수의 고수익 항공회사로 재탄생하게 되었다. 기적이라고도 할 수 있는 JAL의 재건은 그렇게 이루어졌다.

나는 지금도 조직의 선두에 서서 현장의 난관에 부딪히며 고통 받는 리더에게 그때의 그 메시지들이 여전히 유효하며 도움이 될 것이라고 믿고 있다.

이 책에서 자주 반복되는 '누구에게도 지지 않을 노력'은 '교세라 필로소피(철학)'의 근간이 되는 원칙이다. 그것은 내 경영철학의 핵심이기도 하고, 나의 '6가지 정진'과 '경영 12조'에도 녹아 있으며, 무엇보다 지금까지 걸어온 내 인생을 가장 단적으로 표현하는 말이기도 하다. 나 역시 특출한 능력 같은 건 갖추지 못한 채 팔십여 년의 인생을 그 원칙에 따라 묵묵히 걸어왔기 때문이다.

노력하는 것은 누구나 가능하지만 그 힘을 끝까지 유지시키기란 매우 어렵다. 큰 목표를 세우고 이를 실현해 나가려면 남들과는 다른 피땀 어린 노력이 필요하다. 하물며 격변하는 환경 속에서 수많은 사람을 한데 모아 장애물을 뛰어넘고 조직을 발전시켜야 하는 요즘의 리더에게는 더욱더 남다른 노력이 필요하다.

현재 수많은 조직에서 활약하고 있는 리더들과 다음 세대를 이끌어갈 예비 리더들이 자신의 인생과 일을 대할 때 '누구에게도 지지 않을 노력'을 몸소 보여주기를 바란다. 그리고 그러한 리더가 많아지고 조직이 활성화되어, 그 안에 모인 수많은 사람들이 더욱더 행복해지길 진심으로 바라고 있다.

2018년 12월,
교세라 명예회장 이나모리 가즈오 稻盛和夫

제3장 강렬한 의지가 있는가

제4장 인격을 힘써 가꿔야 하는 이유

제5장 사람을 키운다는 것

제6장 조직을 살리는 법

제7장 새로운 것을 이뤄내는 힘

제8장 도전이 값진 이유

맺음말

부록

제 1 장

사람은
생각하는 대로 된다

1
잠재의식까지 스며들 만큼
강하고 지속적인
소망을 품는다

나아가야 할 방향과 이상향을 그린다.
구체적인 목표를 정한다.
그 목표를 달성하기 위한 전략을 세우고,
그 전략의 시뮬레이션을 머릿속에서
반복해서 실행한다.
이 과정을 거듭하다 보면
어느덧 결과를 뚜렷하게 그릴 수
있게 된다. 열망을 이룬 모습,
목표를 달성하고 환희에 찬 자신의
모습까지 상상할 수 있게 된다.

1991년

훌륭한 리더란, 그 집단이 나아가야 할 방향을 제시하는 사람입니다. 집단의 목표를 정하는 사람입니다. 일본의 총리라면, 일본이라는 나라가 나아가야 할 방향을 제시해야 하는 것처럼 말입니다. 나아가야 할 방향을 제시한다는 것은, 이상적인 모습을 그릴 수 있다는 뜻입니다. 그것이 불가능하면 리더가 아닙니다.

이곳에 모인 여러분은 각 직장의 리더입니다. 따라서 자신의 일터가 어떤 곳이 되어야 하는지, 직원들을 어떻게 이끌어 나가야 할지에 대한 이상향을 뚜렷하게 그릴 수 있어야 합니다. 그것이 불가능하다면 리더라 할 수 없습니다.

나아가야 할 방향이란 목표이기도 합니다. 목표라고 해서 매출이나 이익 같은 단순한 수치적인 목표만을 뜻하는 건 아닙니다. 사원들의 업무에 대한 의욕이나 생활 태도, 올해와 내년 계획, 혹은 더 나아가 장기적인 계획까지 모든 것이 목표에 속합니다. 리더라면 이렇게 다방면으로 나아가야 할 방향을 그리고, 그것을 실천할 수 있도록 구체적인 목표를 세우고 제시할 수 있어야 합니다.

그 후에는 그러한 목표를 달성하기 위한 수단이 필요합니다. 리더는 목표를 달성하기 위한 수단과 방법을 구체적으로 끊임없이 생각해내야 합니다. 목표 달성을 위해 전략적이고 전술적인 시뮬레이션을 계속해서 그려봐야 한다는 뜻입니다. 그저 한 번 생각하고 끝낼 게 아니라 계속 반복해야 합니다. '이렇게 해보자, 저렇게 해보자, 이건 잘될 것 같지 않다, 그럼 이렇게 해볼까' 이처럼 끊임없이 고민해야 합니다.

그렇게 하다 보면 점차 결과가 머릿속에 그려지기 시작합니다. 아직 실행 단계에 이르지 않았어도 결과가 뚜렷이 보이기 시작합니다. 더 나아가서는 목표를 달성하고 기쁨에 들뜬 스스로의 모습마저 상상할 수 있게 됩니다. 나아가야 할 방향, 이상향, 목표에 도달해 기뻐하는 자신의 모습을 머릿속으로 그릴 수 있게 됩니다. 이 단계에 이르면 실행에 대한 확신이 흘러넘치고 반드시 해낼 수 있다는 형언할 수 없는 자신감이 차오르기 시작합니다.

이것이 제가 항상 강조하는 '보이기 시작하는 상태'인 것입니다. 강렬하게 지속적으로 바라고 생각하다 보면, 그것은 어느덧 자신의 잠재의식 속에 스며들고, 그것이 목표를 달성하게끔 스스로를 이끌어 갑니다.

리더라면 이러한 과정을 조직의 구성원들과도 공유할 수 있어야 합니다. 즉, 그들이 확실한 목표를 세울 수 있도록 돕고, 자신의 시뮬레이션이 모두의 협조 아래 성공할 것이라고 믿게끔 만들어야 합니다. 리더와 구성원 모두 자신들의 시뮬레이션이 백 퍼센트 성공할 것이라고 믿는 분위기를 만들어 나가는 것, 이것이 무엇보다도 중요합니다.

성장하는 기업과 정체된 기업의 차이는 여기에서 드러납니다. 정체된 기업의 구성원들은 이 회사가 어떤 사업을 해도 성공할 리 없다고 생각합니다. 스포츠 세계를 떠올려 봅시다. 강한 팀은 언제나 강합니다. 이기는 습관에 길들여져 있기 때문입니다. 지는 것을 애초에 생각하지 않습니다. 그때까지 쌓아온 실적이 있고, 이길 것이라는 강한 믿음이 있기 때문입니다.

실적이 없다면 어떨까요. 그래도 상관없습니다. 이길 수 있다는 자신감을 가졌다면 그 팀은 반드시 강해집니다. 매번 지는 팀은 싸우기도 전에 이번에도 질 것이라고 생각하고, 실상은 그 생각 때문에 백 퍼센트 지고 맙니다. 이기는 습관과 지는 습관이 결과에 미치는 영향은 너무나도 강력합니다.

2
'해내고 말겠다'는
강한 열망을 품는다

생각은 커다란 힘을 지니고 있다.
'어떻게든 이것을 성공시켜야 한다'는
열의와 열정과 마음이
용암처럼 흘러내리면,
비로소 어려운 문제가 한 방에 풀린다.

1983년

●─────────── '되고 싶다'고 강렬하게 원하면, 그 순간 엄청난 에너지가 뿜어져 나온다고 생각합니다. 생각한다는 것은 곧 염원한다는 것입니다. 불교에서는 이것을 사념思念이라고 부르는데, 바로 이 사념이 업業을 만들어낸다고 말합니다. 저는 이 말을 '생각은 업을 만들어낼 정도로 엄청난 에너지를 발산한다'는 뜻으로 받아들였습니다. 사랑 때문에 혹은 큰 병을 앓고 있는 부모님 때문에 마음이 괴롭다면, 그 생각만으로도 사람은 야위어 갑니다. 생각은 에너지입니다. 강렬히 열망하거나 영혼을 불태울 때, 인간만이 가지고 있는 엄청난 에너지가 뿜어져 나옵니다.

비뚤어진 마음을 갖게 되면 그 마음의 파동은 밖으로 드러나고, 올바르게 올바른 일을 생각하면 그 마음의 파동 역시 밖으로 드러납니다. 어떤 사람과 만났을 때, 왠지 좋은 느낌이 들거나 좋은 사람이라고 생각되는 것도 그 사람과 대화를 주고받았기 때문에 혹은 인상이 좋기 때문이 아니라, 그 사람에게서 흘러나오는 마음의 파동이 전해졌기 때문이라고 생각합니다. 마음이 맞는 것도 마찬가지입니다. 이렇게 인간은 그 자체로 강한 에너지를 내뿜습니다.

저 역시 개발에 매달려 있을 때 이런 경험을 한 적이 있습니다. 저보다 훨씬 더 박식하고 이론에 정통한 사람은 많았지만,

결국 마지막 난관은 제 힘으로 뚫고 나왔습니다. '머리가 좋다, 논리적이다, 지성이 뛰어나다'는 것만으로 모든 게 해결되는 것은 아닙니다. 그것을 넘어서는 무언가가 있습니다. 그것은 매우 강력한 힘을 가지고 있어서 결국 승패는 거기에서 갈리게 됩니다.

저는 예전부터 우리 연구원들에게 "얼마나 머리가 좋은지 모르겠지만, 지금 하는 것만으로는 절대 새로운 것을 만들어내지 못한다"고 말하곤 했습니다. '어떻게든 이것을 성공시켜야 한다'는 열의가 없으면 아무것도 이룰 수 없습니다. 이러한 열의야말로 엄청난 힘을 가진 그 '무언가'입니다. 모든 구성원이 자신의 성과를 강하게 기대하면서 어떻게든 해내고 싶다는 열의와 열정과 생각을 용암처럼 뿜어낼 때, 비로소 어려운 문제는 한순간에 풀립니다.

그런 열망은 때로는 행운을 불러오거나 영감靈感을 불러옵니다. 지금껏 위대한 발명가나 발견인 중 영감의 힘을 빌리지 않은 사람은 단 한 사람도 없을 것입니다. 무언가를 연구하고 개발할 때 처음에는 지식을 바탕으로 고민하게 되지만, 어느 순간에는 커다란 벽에 부딪히게 됩니다. 그때 어떻게 하면 좋을지 곱씹다 보면 또 불현듯 영감이 떠오릅니다. 하지만 그러다가 또다시 막다른 길에 놓이게 됩니다. 당연하게도 이런 순간은 계속 반복됩니다. 하지만 그때마다 고뇌를 거듭하면서 어떻게든 이 것을 해내고 말겠다고 의지를 다지면, 신의 계시와 같은 직감적 인 번뜩임, 영감과도 같은 것이 선물처럼 주어집니다. '해내고 말겠다'는 열망을 꼭 쥐고 있는 사람은 다른 사람들이 하지 못 한 것을 이룰 수 있습니다.

3
목표는 높게 세운다

안 된다고 생각하면
정말 아무것도 되지 않는다.
이럴 때 참된 리더는,
마음의 목표를 크게 그려서
조직의 사기를 끌어 올린다.

일전에 저는 각 판매점에 사원들을 모아놓고 "매출을 두 배로 늘리자"라고 말한 적이 있습니다. 이 '두 배'라는 수치가 달성 가능한 목표로 여겨졌을지 아닐지는 각자의 마음 상태에 따라 달랐을 것입니다. 물론 매출이 계속 바닥인 상태였다면 그 수치가 매우 무겁게 느껴졌을 것이고, 그런 상황이라면 목표를 해낼 수 없다고 생각하기가 쉽습니다.

하지만 '두 배 정도라면 가볍게 해낼 수 있다'고 생각한다면 그 생각 덕분에 반드시 목표를 달성할 수 있습니다. '어려울 것 같다'고 생각하면 아무리 노력해도 목표에 다가갈 수 없습니다. 엄청난 매출을 올리는 영업소의 직원들은 소장을 비롯한 사원 한 명, 한 명이 '이대로라면 반드시 해낼 수 있다'고 생각합니다.

열심히 한다고 하는데도 실적이 오르지 않고 노력하고 있는데도 좀처럼 매출이 늘지 않는다면, 마음속에 약간이라도 '그 목표를 달성하기는 어려울 것 같은데'라는 생각이 자리 잡고 있기 때문입니다.

특히 리더들의 마음과 생각의 상태가 변하지 않는 한, 절대로 실적은 늘어나지 않습니다. 두 배의 매출이 어렵다고 생각되면 차라리 네 배에 도전하길 권합니다. 어차피 어려운 것은 매 한 가지니까요. 어렵다고 생각되면 보통은 목표를 낮추지만, 그 상황에서 오히려 목표를 더 높여 도전하면 그것의 반 정도는 실제

이나모리 가즈오, 부러지지 않는 마음

로 해낼 수 있습니다. 이것이 바로 역요법heterotherapy 입니다.

이 말이 우스갯소리처럼 느껴지겠지만 사실입니다. 사람의 심리는 매우 오묘해서 해낼 수 없다고 생각하면 절대 해낼 수 없습니다. 두 배 목표가 불가능할 것 같다면 도리어 목표를 네 배로 올리세요. 만약 두 배 정도는 가능하겠다고 생각된다면 그때는 그것으로 충분합니다.

그렇게 마음의 꿈을 크게 그리는 것이야말로 리더가 해야 할 일입니다. 예를 들어, 마음이 조금 지친 나머지 "올해는 2천억 엔의 매출을 올렸습니다. 내년에는 상황이 꽤 힘들 것 같으니 목표치를 5퍼센트 정도만 올리고, 상황에 따라 조금씩 늘려나가 봅시다"고 선언한다면 어떻게 될까요. 일상에서는 그래도 상관없을지 모르지만, 경영에서는 절대로 그렇게 해서는 안 됩니다. "2천억 엔을 달성했다. 다음 매출 목표는 1조 엔이다"라고 오히려 부추겨야 합니다.

물론 1조 엔이라는 숫자는 정신이 아득해질 정도로 엄청난 수치입니다. 하지만 그렇게만 생각해서는 안 됩니다. 일전에 제가 간부들 앞에서 "1조 엔 기업으로 만들자"고 선언했을 때, 다들 놀란 듯 "우와!" 하고 탄성을 질렀습니다. 그때 저는 이렇게 일침을 놓았습니다.

"뭘 그리 놀라나. 2천억 엔의 5배밖에 되지 않는데!"

그렇습니다. '밖에 되지 않는 것'입니다. 그렇게 관점을 달리해서 생각하면 해낼 수 있다는 기분이 듭니다. 할 수 있을 것 같다는 기분이 들지 않는다면 절대로 해낼 수 없습니다.

어제는 '벳부 오이타 마이니치 마라톤'이 열린 날이었습니다. 우리 교세라의 육상경기부 감독도 출전했는데, 참가한 선수 중 37세로 최고령이었습니다. 육상경기부를 만들어 열심히 지도했지만 좀처럼 젊은 선수를 키우지 못해, 자신이 직접 경기에 출전한 것입니다. 30킬로미터 지점까지는 선두 그룹에서 달렸지만 그 후로는 점차 뒤처져 결국 8위에 머물렀습니다. 그래도 2시간 14분대를 기록했습니다.

아나운서와 해설자 모두 "그가 아직도 뛰고 있다"며 놀라더군요. 사실 그는 '벳부 오이타 마이니치 마라톤'에서 두 번이나 우승한 선수입니다. 보통 33세 전후가 되면 대회에서 은퇴하지만, 그는 37세의 나이에도 불구하고 세 번째 우승을 노리며 젊은 선수들에게 모범을 보이기 위해 출전했고, 결국 8위로 들어온 것입니다. 엄청난 노력이 아닐 수 없습니다.

경영도 이 마라톤과 비슷합니다.

반환점을 돌아 25킬로미터, 30킬로미터 지점에 이르게 되면 모두 녹초가 되고 맙니다. 선두 그룹을 따라잡아도 어느새 다시 멀어집니다. 선두 그룹에서 뛰던 선수들조차 이 시점이 되면 하나둘씩 뒤처지기 시작합니다. 그러다가 마침내 우승을 겨루는 두세 명만이 선두 그룹에 남게 됩니다.

그런데 그 마의 30킬로미터 지점에 이르렀을 때 '오늘은 비교적 컨디션이 좋네. 따라잡을 수 있어'라고 생각하면, 그때부터 다리의 움직임이 한결 가벼워지면서 정말로 따라잡을 수 있을 것처럼 느껴지기 시작합니다. 그 반대의 경우도 마찬가지입니다. 그 중요한 시기에 '다리가 후들거려서 더 이상은 안 되겠다'고 생각하면 격차는 점점 더 벌어집니다. 뒤따라오던 선수들에게 하나둘씩 따라잡히고, 그렇게 되면 그때까지는 선두 그룹에서 달리고 있었다 해도 마지막에는 20위로 골인하는 결과도 얼마든지 일어납니다. 더 이상 안 된다고 생각하면 정말로 그것으로 끝나버리는 게 사람의 마음이니까요.

즉, 자신이 목표를 어떻게 생각하고 있는지가 중요합니다. 두배 매출 정도는 가볍게 이룰 수 있다고 생각하면 그러한 마음이 직원들에게도 스며들게 됩니다. '두 배라니 말도 안 돼'라고 생각하면 그 마음 역시 고스란히 직원들에게 스며듭니다. 그리고 직원들이 '될 리 없지'라는 마음으로 손님들을 대한다면 당연하게도 매출은 제자리걸음을 반복하게 될 것입니다.

실적이 좋지 않은 회사는 간부들부터 주눅 들어 있습니다. 기가 죽어 있으면 원대한 꿈을 가질 수 없습니다. 어쩌다 실적이 회복된다고 해도 그 수치는 미미하기 그지없습니다. 그러니 이제부터라도 '이때까지는 어땠을지 몰라도, 지금 나에게는 엄청난 힘이 있다'고 정신을 새롭게 무장해야 합니다.

이나모리 가즈오, 부러지지 않는 마음

4

하루하루를
진지하게 산다

아침부터 밤까지 하루 24시간,
어떻게든 목표를 달성하기 위해
생각하고 또 생각한다.
이러한 '진지함'이
목표 달성의 열쇠가 된다.

저는 인생도, 일도 마음속에 그린 대로 실현된다고 생각합니다. 다만, 그러한 생각은 강렬해야 합니다. 잠깐 생각하는 정도로는 결코 이루어질 수 없습니다. '어떻게 해서든지 그렇게 되고 싶다'는 강한 의지가 뒷받침되어야 합니다.

특히 수많은 사람들을 거느린 리더는 그 조직을 행복하게 이끌어나갈 책임이 있는 만큼 일단 목표를 정하면, 어떤 어려움 앞에서도 포기하지 않고 달성하고자 하는 강한 집념을 불태워야 합니다.

조직의 미래는 이러한 리더의 의지에 의해 좌우된다고 해도 틀린 말이 아닙니다. '그렇게 되고 싶다'는 리더의 의지가 얼마나 확고한지에 따라 조직의 목표 달성 여부가 결정됩니다.

교세라의 경우, 각각의 아메바(부문)에서 올해는 "이만큼의 매출을 올리자"는 마스터플랜(1년간의 기본 경영계획)이 정해지면, 리더는 예상치 못한 걸림돌이 생겨도 그 목표를 반드시 달성하겠다는 흔들림 없는 의지를 보여줘야 합니다.

그런데 의지가 약한 리더는 경기가 나빠지거나 예상치 못한 문제가 발생하면, 그것을 극복하기 위해 누구에게도 지지 않을 노력을 하는 대신, 그 상황을 구실 삼아 목표부터 낮추려 합니다. 뿐만 아니라, 계속해서 목표를 낮추는 건 모양새가 좋지 않으니 아예 달성할 만한 수준으로 처음부터 확 낮추어 버립니다. 그렇게 나약한 리더 밑에서는 조직이 발전할 수 없습니다.

'어떻게든 이루어내고 싶다'는 강렬한 소망과 '무슨 일이 있어도 해내고야 만다'는 투철한 책임감을 지닌 사람. 더 나아가 직원들에게 미래에 대한 꿈을 심어주고 그들을 열정으로 불타오르게 하여 목표를 달성해 나가는 사람이 진정한 리더입니다.

잠재의식에 스며들 만큼 강렬히 열망하면서 매일 목표를 달성하기 위해 노력하는 리더의 '진지함'이 곧 성공의 열쇠가 되는 셈입니다.

그런데 이러한 '진지함'은 대체 어디에서 오는 것일까요.

저는 그것이 영혼으로부터 직접 발현된다고 믿습니다. 마음속 깊은 곳에 있는 영혼으로부터 뿜어져 나온 외침과도 같은 생각, 그것의 또 다른 이름은 '신념'입니다. 리더는 이처럼 '무슨 일이 있어도 이 목표를 달성하겠다'는 간절한 신념을 품어야 합니다.

그리고 리더는 그 목표와 강한 의지를 조직의 모든 구성원들과 공유할 수 있어야 합니다. 대충 말하는 정도로는 그 열망이 전해질 리 없습니다. 구성원들의 마음이 자신과 같은 강렬한 열망으로 채워질 때까지 강한 에너지를 발산하여 반복해서 전하고 끝까지 설득해야 합니다.

목표 실행을 위한 이러한 마음가짐을 멋지게 표현한 말이 있습니다. 제가 존경하는 철학자, 나카무라 덴푸中村天風 씨가 한 말입니다.

"새로운 계획의 성취는 오로지 흔들리거나 꺾이지 않는不撓不屈 마음에 달려 있다. 고로 마음을 다해 고고한 이상과 드높은 상상을 강렬하게 품어라. (중략) 오로지 열망하라, 고고하게, 굳세게, 한결같이."

— 《연심초研心抄》, 나카무라 덴푸 지음, 재단법인 덴푸카이 출판

그가 말한 '새로운 계획'이란 목표, 즉 마스터플랜으로 해석할 수 있습니다. 그리고 마스터플랜의 성취 여부는 단 하나, '흔들리거나 꺾이지 않는不撓不屈 마음'에 달려 있습니다. 어떤 일이 있어도 결코 포기하지 않는 그 마음에 달려 있는 것입니다.

그런 만큼 리더는 항상 자신을 다독이고, 더 나아가 고고한 이상과 드높은 비전을 강렬히 열망해야 합니다. 목표를 달성하지 못하는 건 아닐까란 의구심은 떨쳐버리고, 항상 '그렇게 되고 싶다'는 열망을 품어야 합니다. 고고하게, 굳세게, 한결같이. 그리하면 반드시 목표를 달성할 수 있습니다.

스스로 정한 목표를 달성하면서 얻게 되는 자신감과 충만감

은 여러분의 인생을 한층 더 멋지게 만들어 줄 것입니다.

　인생도, 일도 마음속에 그린 그대로 실현됩니다. 강한 의지로 여러분의 인생에서도, 일에서도 각각의 목표를 달성해 더욱더 훌륭한 리더가 되길, 그래서 보다 멋진 삶을 살아갈 수 있게 되길 진심으로 바랍니다.

5
순수한 마음으로
인생길을 간다

강렬하게 원하고 노력하면
성공할 수 있다.
선한 마음에서 우러난 소망일수록
더 확실하게 이룰 수 있다.
그리고 당연하게도 아름답고
순수한 마음으로 기업을 경영하면
반드시 성공하게 된다.

1993년

나만 잘되면 그만이라며 자기 이익만 쫓는 자가 있습니다. 그렇게 이기적인 자기애를 지닌 사람이라도 억만장자가 되고 싶다는 강렬한 소망을 품고 노력하면 그 바람을 이룰 수 있습니다. 아름다운 마음에서 우러난 소망도, 악한 마음에서 우러난 소망도 강렬하게 원하고 노력하면 모두 이룰 수 있습니다. 다만, 악한 마음으로 그린 소망은 성취한다 해도 그 결과가 오래 가지 못합니다. 그 악한 마음으로 인해 반드시 파괴되고 맙니다.

많은 사람들이 '나만 잘되면 된다, 어쨌든 부자가 되고 싶다'고 생각합니다. 경영자들 또한 많은 돈을 벌기 위해 사업을 하는 경우가 대부분입니다. 하지만 세상의 이치를 알고 있는 경영자라면 적어도 자신 곁에 있는 직원들을 무시한 채 자신만 생각하지는 않을 것입니다. 제대로 된 경영자라면 사업을 번창시켜서 직원들을 행복하게 해주고 싶어 합니다. 그 과정에서 자신도, 자신의 가족들도 행복하기를 바랍니다.

교세라를 처음 세웠을 때, 저는 20명 남짓한 직원을 새로 고용해야 했습니다. 그러면서 앞으로는 회사가 그들의 생활을 책임져야 한다는 것을, 그것이 일본이 추구하는 기업의 형태란 것을 깨달았습니다. 그리고 그때부터 "물심양면으로 직원들의 행복을 추구하자"고 마음먹었습니다. 직원들이 60세에 정년을 맞을 때까지 이곳에서 만족하면서 일할 수 있도록 온 힘을 다해 경영에 매진했습니다.

열심히 하다 보니 업무가 늘어났습니다. 업무가 늘어나서 사람을 더 고용했습니다. 20명이었던 직원은 다시 50명이 되었고, 그때부터는 그 50명의 직원을 먹여 살리기 위해 최선을 다했습니다. 그러자 사업은 점점 더 번창했습니다. 50명이었던 직원은 100명이 되었고, 다시 또 1,000명이 되었고, 정신을 차려 보니 30,000명으로 늘어나 있었습니다. 처음에는 20명 남짓한 직원들을 챙기는 것도 버거웠는데, 어느새 30,000명이라는 직원들이 이 회사에 머물게 된 것입니다. 그중에는 외국인도 15,000명이나 되었습니다.

"물심양면으로 전 직원의 행복을 추구하자"라고 결심한 후로, '불황에 흔들리는 회사가 되어서는 안 된다. 재무 구조가 건전한 회사가 되어야 한다. 그것을 위해 이렇게도 해보고 저렇게도 해보자'고 수시로 생각했습니다. 이러한 바람은 개인적이거나 이기적인 게 아닙니다. 그 마음속에는 이타심이 자리하고 있습니다. 사랑이 담겨 있고, 모두가 잘되길 바라는 마음이 담겨 있습니다. 그리고 이렇게 따뜻하고도 아름다운 마음으로 그린 소망은 매우 강력한 힘을 발휘합니다.

자신, 혹은 자신의 가족만이 아닌 모두가 행복해지길 바라는 마음. 직원들이 행복해지길 바라는 마음. 회사가 성장해서 지역사회와도 이익을 나누어 지역민들도 함께 행복해졌으면 하는 마음.

안정된 회사, 재무적으로 탄탄한 회사를 만들고 싶었던 제 바람의 이면에는, '가난한 사람들이 너무 많고, 기아에 시달리는 나라가 너무 많다. 그런 이들을 아주 약간만이라도 돕고 싶다'는 좀 더 커다란 바람이 있었습니다.

반면에 '그런 것은 아무래도 상관없다. 다른 사람이 어찌되든 나만 잘 살면 된다. 사치스럽게 살고 싶다. 궁궐 같은 집에서 즐기며 살고 싶다. 그러니 돈이 필요하다'는 악한 마음으로 소망을 품는 사람도 있습니다.

어떤 소망이든 강렬하게 원하면 이룰 수 있습니다. 하지만 아름다운 마음으로 그린 소망일수록 성공할 확률은 더욱더 높습니다.

지금으로부터 약 3,000년 전 인도의 정신문화가 꽃을 피웠던 시절, 베다Veda 철학도 그 문화의 한 부분을 담당했습니다. 다음은 산스크리트어로 기록된 베다 철학의 한 구절입니다.

"위대한 인물을 성공으로 이끄는 요인은, 결국 수단보다는 그 순수한 마음에 있다."

위대하고 훌륭한 사람이 행동을 일으켜 성공했다면, 그 순수한 마음이 그것을 가능케 했다는 뜻입니다. 여기서 말하는 '순수한 마음'이란 아름다운 마음을 의미하지만, 동시에 베다 철학에서는 보다 깊은 뜻을 가리키고 있습니다.

불교에서는 좌선으로, 베다에서는 요가나 명상 등으로 잡념과 망념으로 가득 찬 의식을 정화시킵니다. 그럴 때 비로소 우리의 의식은 청정무구하게 고요해집니다. 마치 물결 하나 없는 고요한 망망대해와도 같은 의식 상태로 들어가게 됩니다. 이러한 단계를 거쳐 더욱더 잡념과 망념이 희미해지면, 이번엔 투명하고도 맑디맑은 의식 상태가 됩니다. 거기서 한층 더 의식이 깊어지면, 비로소 불교에서 말하는 '깨달음의 경지' 혹은 '삼매三昧의 경지'에 이르게 됩니다.

이러한 경지에 도달해본 적 있는 불교의 고승이나 베다의 명상가들에 의하면, 그 상태에서는 온몸의 세포 하나하나가 감격과 환희에 휩싸이고 형언할 수 없는 행복감이 몸을 감싸며 눈물이 멈추지 않고 흐른다고 합니다.

불교에서는 "당신에게도, 삼라만상 모든 것에도 부처님이 깃들어 있다"고 이야기합니다. 즉, 잡념을 떨쳐내고 나면 우리 안에도 부처님의 순수한 마음이 남아 있게 된다는 뜻입니다.

베다 철학에서 말하는 '순수한 마음'이란 바로 '부처님의 마음'인 것입니다. 기독교에서는 이것을 '사랑'이라고 부릅니다. 그리고 이렇게 아름답고 순수한 마음으로 더 큰 것을 소망하는 기업은 반드시 성공할 수밖에 없습니다.

6

남을 위하는
아름다운 마음으로

참나眞我로부터 우러나오는,
남이 잘되길 바라는
아름다운 마음으로 임하고
누구에게도 뒤지지 않는
노력을 거듭하다 보면
반드시 성공하게 된다.

§ 2010년 §

이나모리 가즈오, 부러지지 않는 마음

요즘 저는 JAL을 다시 일으켜 세우기 위해 동분서주하는 나날을 보내고 있습니다. 올해 8월 말에는 재건 계획을 제출했습니다. 앞으로 본격적인 재건 작업이 시작되면 수많은 시련이 예상되지만, 저는 반드시 JAL을 다시 일으켜 세울 수 있다고 믿고 있습니다.

이렇게 강하게 확신하는 이유는, 제 마음속 깊은 곳에 있는 '참나'로부터 우러나온 생각이 저를 JAL 재건에 앞장서게 했기 때문입니다.

첫 번째, JAL이 다시 2차 파산에 내몰리게 되면 일본 경제에 커다란 여파를 미칠 수 있으므로 나라의 경제를 위해서라도 JAL을 다시 일으켜 세워야 합니다.

두 번째, JAL의 직원들을 지켜내야만 하기 때문입니다. 일부 퇴직을 희망하는 직원들은 어쩔 수 없더라도 가능한 한 고용을 확보해 남아 있는 직원들을 지원해야 합니다.

마지막으로, 국민의 입장에서 보더라도 대형 항공사는 일개 회사로 치부할 수 없기 때문입니다. 정당한 경쟁이 있어야만 국민들이 적정한 요금으로 항공 서비스를 이용할 수 있습니다. 그것을 위해서라도 JAL의 재건에 성공해야 합니다.

그리고 이러한 가치를 스스로 정립했기 때문에 저는 죽을힘을 다해 JAL의 재건에 힘쓸 것이고, 힘쓸 수밖에 없습니다.

'세상과 사람들을 위한다'는 마음에서 출발해 경제를 위해, 직원들을 위해, 국민을 위해 JAL의 회장직을 맡았고, 그렇기에 노구를 이끌고 스스로에게 채찍질을 가하며 재건에 나섰습니다.

남을 위하는 아름다운 마음으로 임하고, 누구에게도 뒤지지 않는 노력을 거듭하다 보면 성공할 수밖에 없다고 믿고 있습니다. JAL의 재건에 우려를 표하는 세간의 목소리도 있지만, 저는 저의 사상과 철학, 살아가면서 체득한 경험을 바탕으로 JAL의 재건에 반드시 성공하리라는 강한 확신을 가지고 있습니다.

이곳에 모인 세이와주쿠盛和塾(젊은 경영인 연구회) 멤버 여러분도 반드시 '마음을 드높여 경영에 매진'하여, 자신의 회사를 성장시켜 나가기를 간절히 바랍니다. 그것이 곧 회사 내 직원들의 행복뿐 아니라 나라의 경제를 활성화시키고, 사회의 발전에도 기여하는 일이라 믿어 의심치 않습니다.

7
신이 손을 내밀어 줄 때

'대의大儀'를 위해 노구를 이끌고,
뼈를 깎는 각오로 대가 없이
재건을 위해 달려 왔다.
모든 직원들도 나와
똑같은 마음으로 임해주었다.
그렇게 이타적인 마음만으로
노력하는 모습을 보고 마침내
신이 손을 내밀어 준 것은 아닐까.

●————————————— 저는 정부의 요청을 받아들여 2010
년에 JAL의 회장으로 취임했습니다. 그 당시 언론에서는 "항공
운수업에 문외한인 이나모리가 JAL을 재건한다는 건 무모한 일
이 아닐까. 반드시 2차 파산으로 이어질 것이다"라고 떠들어댔
습니다.

하지만 그로부터 3년이 흘렀고, JAL은 무사히 재기에 성공
했습니다. 첫 해였던 2010년에는 1,800억 엔, 그 다음 해에는
2,000억 엔이 넘는 영업 이익을 올렸고, 작년 9월에는 재상장에
성공했습니다. 올해 3월 분기에도 계속해서 좋은 실적을 유지
하고 있습니다. 단기간 내에 JAL은 파산한 회사에서 세계 최고
의 수익성을 자랑하는 항공회사로 거듭나게 되었습니다.

어떻게 이런 일이 가능할 수 있었을까. 잠들기 전, 이것에 관
해 곰곰이 생각해봤던 적이 있습니다. 그리고 그에 대한 답으로
21세기 초 영국의 계몽 사상가였던 제임스 알렌James Allen의 말
보다 멋진 표현은 없을 것이라 생각합니다.

"청렴한 사람일수록 다양한 면에서 더 유능하고, 부패한 사람
보다 눈앞의 목표나 인생의 목적을 훨씬 쉽게 달성하는 경향이
있습니다. 부정한 사람이 패배가 두려워 발을 들이지 않는 곳
에도 청렴한 사람은 아무렇지 않게 도전해서 간단히 승리를 거

이나모리 가즈오, 부러지지 않는 마음

머쥐는 일이 적지 않습니다."

- 《원인과 결과의 법칙 ③》, 제임스 알렌 지음,
사카모토 고이치 옮김, 선마크 출판

저는 JAL의 재건이 순수하고 올바른 마음을 통해 이루어졌다
고 생각합니다.

물론 JAL에 뿌리박혀 있는 관료주의를 없애기 위해 책임체제
를 명확히 하는 조직으로 개혁을 단행했고, 채산에 대한 인식을
높이기 위해 관리 회계 시스템도 구축했습니다. 이러한 개혁이
JAL의 재건에 커다란 도움이 되었다는 건 부정할 수 없습니다.

하지만 JAL이 극적인 재건을 이루어낼 수 있었던 가장 근본
적인 이유는 '선한 일'을 행하려는 순수하고도 올곧은 마음에
있었다고 생각합니다.

나라의 경제를 위해, 직원들을 지키기 위해, 이용자들의 편
의성을 위해, 이른바 '대의'를 위해 두려움 없이 재건에 도전했
고, 직원들도 이러한 뜻에 따라 다 함께 애써 주었습니다. 결국
이렇게 '이타적인 마음'만으로 열심히 노력하는 모습을 보고서
마침내 신이 손을 내밀어 준 것은 아닐까, 그런 생각이 들었습
니다.

이러한 신의 가호가 없었다면 JAL의 기적적인 재건은 결코
이룰 수 없었을 것입니다.

이것은 JAL에만 해당되는 이야기가 아닙니다. 80여 년이라는 세월을 살아오면서 저는 이러한 경험을 수없이 많이 접했습니다. 그리고 그것은 결과적으로 제 마음을 순수하고 선하게 만드는 원동력이 되었고, 더불어 제 인생의 가장 큰 목표가 되었습니다.

제 2 장

●

노력의 진짜 의미

●

8

누구에게도 지지 않는
노력을 한다

경영과 인생에서 성공하고 싶다면
열심히 일해야 한다.
아스팔트 틈 사이로 어떻게든
싹을 틔우는 잡초처럼
죽을힘을 다해 나아가야 한다.
그것 말고 다른 길은 없다.

기업 경영을 하다 보니, 가장 중요한 것은 '누구에게도 지지 않을 노력'이 아닌가 싶습니다. 흔한 말처럼 들리겠지만, 매일 열심히 일하는 것이 회사 경영에 있어서 가장 중요한 일이라고 생각합니다. 행복하게 멋진 인생을 살아가고 싶다면 매일 진지하게 업무에 임해야 합니다. 즉, 훌륭한 기업 경영을 위해서든 멋진 인생을 위해서든 노력에 있어서는 누구에게도 지지 않을 각오를 해야 합니다. 이러한 노력 없이는 기업 경영도, 인생도 성공할 수 없다고 생각합니다. 열심히 일하지 않고 조금이라도 편해지려 한다면, 회사 경영은 물론 멋진 인생도 거머쥘 수 없습니다.

다소 극단적으로 말하자면, 열심히 일한다면 경영은 순조롭게 흘러갈 수 있다고 생각합니다. 불황이 닥쳐도, 시대가 변해도, 열심히 한다면 충분히 그 모든 것을 뛰어넘을 수 있습니다. 경영 전략이 중요하다, 경영 전술이 중요하다고들 말하지만 열심히 일하는 것 외에 특별한 길은 없다고 생각합니다.

27살이라는 나이에 교세라라는 회사를 세우면서 경영의 길로 들어섰지만, 경영의 '경'자도 몰랐던 저는 회사를 무너뜨려선 안 된다, 나를 믿고 따라와 준 사람들을 실망시켜서는 안 된다는 일념 하나로 죽을힘을 다해 노력했습니다. 아침 일찍 일어나 새벽 한두 시까지 일했습니다. 이것을 매일 반복하면서 그 누구에게도 지지 않을 노력을 거듭해 왔습니다.

교세라는 올해 창립 50주년을 맞이합니다. 50년이라는 세월 동안, 창업했을 때와 같은 마음으로 한결같이 최선을 다해 일해 왔습니다. 그것이 오늘날의 교세라를 만들었습니다. 이것만 봐도, 열심히 일하는 것 이상의 경영 노하우는 없다고 생각합니다.

불현듯 외숙부에 대한 추억이 떠오릅니다. 외숙부는 종전 후 만주(현재 중국의 동북부)에서 빈털터리로 돌아와 가고시마에서 채소 장사를 시작했습니다. 초등학교만 겨우 나온 외숙부였기에, 남의 험담을 일삼는 친척들은 "저이는 가방 끈도 짧고 지혜도 부족하니, 이렇게 더운 날에도 매일 커다란 수레를 끌고 땀 흘리며 장사해야 하는 거야"라고 경멸하듯이 말했습니다.

외숙부는 체구도 작았습니다. 그런 외숙부가 저보다 훨씬 더 큰 수레에 채소를 싣고, 추우나 더우나 장사를 하던 모습이 아직도 떠오릅니다.

아마도 외숙부는 경영이라든가 장사라든가 경리 같은 건 전혀 몰랐을 것입니다. 하지만 열심히 일해서 마침내 커다란 채소 가게를 운영하게 되었고, 노년에 이르기까지 그 가게를 멋지게 경영해 나갔습니다.

'가방 끈이 짧든, 가진 게 부족하든 그저 묵묵히 일해야 한다.

그러면 결국엔 멋진 결과를 만들어 낼 수 있다'는 진리가 그 당시의 어린 제 마음에도 생생하게 와 닿았습니다.

제가 이렇게까지 '열심히 일하라'고 강조하는 이유는, 이 자연계에는 모두 열심히 살아가야 한다는 전제가 깔려 있기 때문입니다. 우리 인간들만이 조금이라도 돈이 생기거나 회사가 잘되면 게으름을 부리고 싶다는 불순한 생각을 합니다. 자연계에는 이러한 게으름이 존재하지 않습니다. 자연계의 동식물들은 모두 필사적으로 살아가고 있습니다. 이것만 봐도, 매일매일 진지하게 진심을 다해 일하는 것이 우리 인간들에게 필요한 최소한의 도리가 아닐까 싶습니다.

한여름 뙤약볕 아래에서 도로의 아스팔트 틈 사이를 비집고 나온 잡초를 본 적이 있습니다. 일주일 내내 뙤약볕이 내리쬐어 모든 것이 말라버렸을 만큼 물 한 방울, 흙 한 톨도 없어 보이는 곳에서도 잡초는 뿌리를 내어 자라고 있었습니다. 이렇게 혹독한 환경에 내려앉아도 씨앗은 싹을 틔우고 잎을 내고 비가 올 때 수분을 빨아들여, 잎과 꽃을 피우고 열매를 맺습니다. 그렇게 짧은 생애의 한 주기를 마칩니다. 여러분도 한 번쯤은 돌담 틈새나 흙 한 톨 없는 돌과 돌 사이에서도 잡초가 싹을 틔워 꽃을 피운 것을 본 적이 있을 것입니다.

혹독하기 그지없는 뜨거운 사막에서도 씨앗은 1년에 몇 차

례 비가 내릴 때를 기다려 곧바로 싹을 틔우고 꽃을 피우고 열매를 맺은 후 불과 몇 주 만에 시들어 버리기도 합니다. 사막에서도 최선을 다해 한 생애를 살아가며, 자손을 남기기 위해 열매를 맺고 그 씨앗을 땅위로 떨어뜨립니다. 짧은 생애를 충실히 살고, 언젠가 비가 내리면 또다시 싹을 틔웁니다.

혹독한 조건 속에서 식물도, 동물도 모두 있는 힘을 다해 살아가고 있습니다. 대충 게으름을 피우며 살아가는 동식물은 없습니다. 그러니 지구에 사는 우리 인간들도 성실하게 최선을 다해 살아가는 것이 아주 당연하다고 생각합니다.

저 역시 창업 당시에는 이런 깊은 의미까지는 깨닫지 못했습니다. 그저 회사가 없어질지도 모른다는 공포감 때문에 열심히 노력했지만, 지금 되돌아보면 그 길이 정답이었습니다. 어떤 불황이 닥친다 해도, 어떠한 혹독한 환경 속에서도 경영을 하는 사람이라면 보통 사람보다 두세 배는 더 노력해야 한다고 아직까지 굳게 믿고 있습니다.

주변 사람들에게 "열심히 일하고 있나요"라고 물으면 "예, 충분히 일하고 있습니다"라는 대답이 돌아옵니다. 그래서 그 다음부터는 "누구에게도 지지 않을 만큼 노력하고 있나요.", "누구에게도 뒤처지지 않을 만큼 열심히 일하고 있나요"라고 묻기로 했습니다. 당신은 일하고 있다고 말하지만, 그것만으로는 부족합니다. 좀 더 진지하게, 보다 열심히 하지 않으면 일도 인생도 제대로 굴러가지 않습니다. 그런 의미에서 저는 '누구에게도 지지 않을 노력을 하라'고 강조하는 것입니다.

열심히 일하고, 누구에게도 지지 않을 노력을 하는 것은 자연계를 살아가는 존재로서 당연한 의무라고 생각합니다. 누구라도 이러한 의무에서 벗어날 수는 없습니다.

9

일을 사랑하게 된다

일을 사랑하기 위해
의식적으로 노력하면
어느 순간, 진짜 변화가 시작된다.
그리고 마침내 정말로
일을 사랑하게 되면
'누구에게도 지지 않을 노력'을
시작할 수 있다.
그것은 일에 대한 창의성과
성과를 가져다 줄 뿐 아니라
자신의 영혼을 갈고닦는
기회까지 선사한다.

2008년

●——————————— 계속해서 일하려면, 계속해서 지치지 않고 어려운 일을 해나가려면 지금 자신이 하고 있는 일, 자신이 매일 하고 있는 것을 사랑해야 합니다. 좋아하는 일이라면 얼마든지 노력할 수 있습니다. 현재 하고 있는 일을 사랑하게 되어 몰입할 수 있게 되면, 옆에서 아무리 "저렇게 고생하면 힘들 텐데"라고 걱정해도, 본인은 좋아서 하는 일이니 전혀 개의치 않게 됩니다.

저는 젊었을 때부터 자신의 일을 의식적으로 사랑하려고 노력했습니다.

대학을 졸업한 후 취직이 어려웠던 저는 결국 선생님의 도움으로 한 세라믹 회사에 들어가게 되었습니다. 원래 흥미가 있던 분야도 아니었기에 처음에는 그곳에 정을 붙이지 못했습니다. 게다가 월급도 제때 주지 않는 회사였기에, 회사에 대한 불만은 나날이 커져 갔습니다.

하지만 그런 불만을 품고 있으니 일이 제대로 될 리 없다는 게 문제였습니다. 그래서 저는 그 일을 좋아해 보기로 마음먹었습니다. 좋아하지 않으면 일에 몰입할 수 없다고 느꼈기 때문입니다.

마침 그 무렵, 누군가를 사랑하게 된 저는 '푹 빠지면 천리 길도 십리'처럼 느껴진다는 사실을 깨달았습니다. 사랑하는 사람을 만나러 갈 때면 아무리 먼 길이라도 짧게 느껴지고, 아무리 피곤해도 걸어서 가는 것이 힘들지 않습니다. 사랑에 빠져 있을 때는 고생을 해도 그것이 고생으로 느껴지지 않습니다. 저는 그 깨달음을 일에도 적용해보려고 노력했습니다.

자신이 좋아하는 일을 하고 있는 사람은 괜찮습니다. 하지만 좋아하는 일을 하며 살아갈 수 있는 운 좋은 사람은 그리 많지 않습니다. 대부분은 살아가기 위해 일을 하고 있다고 생각합니다. 그렇다면 자신이 지금 하고 있는 일을 사랑하기 위해 노력해야 합니다. 그러다가 정말로 사랑하게 된다면 그 다음부터는 일사천리입니다. 그때부터는 누구에게도 지지 않을 노력을 자연스럽게 하게 됩니다. "이른 아침부터 늦은 밤까지 일하니 몸이 남아나질 않겠네"라는 소리를 들어도 아무렇지도 않게 몰입할 수 있습니다.

성공에 이르는 수많은 방법이 있다고 하지만, 저는 '열심히 일하는 것'을 뺀 성공은 있을 수 없다고 생각합니다. 이렇게 치열한 환경, 어려운 불경기 속에서도 살아남으려면 반드시 '열심히 하는 자세'가 필요합니다.

열심히, 성실하게 일에 전념하면 얻을 수 있는 효과는 또 있습니다. 매일 자신의 일에 몰두해 노력하다 보면 허송세월을 보내지 않게 됩니다. 자신의 일을 사랑하게 되면, 조금이라도 좋은 방향으로 일을 추진해가고 싶은 생각에 좀 더 나은 방법을 찾게되고, 좀 더 능률을 올릴 만한 방법을 고민하게 됩니다. 그러니아무 생각 없이 헛되이 일하는 시간이 사라집니다.

그렇게 하루하루 창의적인 나날을 보낼 수 있습니다. 오늘보다는 내일, 내일보다는 내일모레를 생각하며 스스로 방법을 모색해서 일을 추진하게 됩니다. 그리고 일에 몰두하면서 이리저리 머리를 굴리다 보면, 어느 순간 섬광과도 같은 번뜩임 역시얻게 됩니다.

저는 스스로를 능력 있는 사람이라고 생각하지 않습니다. 오히려 저는 필사적으로 일하면서 미래를 꿈꿨고, 일에 창의성을더해줄 더 좋은 방향을 고민했고, 판매량을 늘리기 위한 좀 더기발한 방법은 없을까, 좀 더 나은 제조 방식은 없을까 매일 생각에 생각을 거듭했던 사람입니다. 이러한 과정이 상상조차 하지 못한 눈부신 성장과 발전을 가져다주었습니다. 교세라가 새로운 제품을 개발할 수 있었던 것도, 새로운 시장을 개척할 수있었던 것도 모두 이런 날들이 쌓여 가져온 결과입니다.

열심히 일하지 않으면 그런 번뜩임은 찾아오지 않습니다. 대충대충 어설프게 일하면서 뭔가 좋은 방법은 없을까 아무리 생각한들 기발한 아이디어는 나오지 않습니다. 저는 미래가 막막했기 때문에 필사적으로 고민하고 생각했습니다. 그리고 그러한 한결같은 노력을 신께서 좋게 보시고 새로운 힌트를 알려주신 것이라 믿고 있습니다. 진지하고 성실하고 올곧게 노력하며 고민하는 모습을 보고, 우둔한 제게 번뜩임과 지혜를 내려주셨다고 생각합니다. 혼자서는 도저히 얻을 수 없는 영감을 떠올릴 수 있었던 것도 열심히 일했기 때문이라고 믿고 있습니다.

위대한 발명을 하거나 신제품과 신기술을 개발한 사람들을 보면, 모두 누구에게도 지지 않을 노력을 하고 있습니다. 대충대충 일해서 위대한 것을 이룩해낸 사람은 단 한 명도 없습니다. 이것을 역으로 해석해 보면, 그 누구에게도 지지 않을 노력을 하면 누구라도 눈부신 결과를 얻을 수 있다는 말이기도 합니다.

이른 아침부터 늦은 밤까지 열심히 일하다 보면 한가할 틈이 없습니다. "소인小人은 한가하면 나쁜 일을 한다"는 말처럼 인간이라는 존재는 틈이 생기면 쓸데없는 생각을 하게 됩니다. 바쁘게 열심히 일한다는 것은 잡생각을 할 여유가 없다는 뜻입니다.

선종의 스님이나 수도자는 고행을 하며 자신의 혼을 갈고닦습니다. 한 점에 집중하면서 잡념이나 망념이 비집고 들어올 수 없도록 수행을 쌓고 마음과 정신을 갈고닦아 순수하고 위대한 인격을 만들어 갑니다. 열심히 일하는 것은 이러한 수행 과정과 같습니다. 열심히 일하는 사람에게는 잡념과 망념이 떠오를 틈이 없고, 그것은 곧 인간의 영혼을 갈고닦는 길로도 이어지는 셈입니다.

저는 항상 "영혼을 갈고닦으면 그곳에서 이타심이 자라난다"고 강조합니다. 즉, 영혼을 돌보면 그곳에 선한 마음, 남을 배려하는 자비의 마음이 싹틉니다. 그러한 마음을 가슴에 품고, 세상과 사람을 위하는 선한 동기로 행동하면, 운명은 반드시 좋은 방향으로 바뀌어간다고 믿고 있습니다.

회사 일에 그저 열심히 몰두하기만 해도 자신의 혼을 갈고닦아 아름다운 마음을 키울 수 있게 된다니 이 얼마나 놀라운 일입니까. 아름다운 마음을 키울 수 있다면 저절로 선한 동기를 품게 되고 선한 행동을 실천하게 됩니다. 그리고 이러한 생각과 실천은 운명을 보다 좋은 방향으로 바꾸어 가는 힘이 됩니다.

'누구에게도 지지 않을 노력을 하라', '열심히 일하라'는 것은 경영을 위해서든 멋진 인생을 위해서든 살아가면서 반드시 실천해야 할 지침입니다.

10
작은 노력을
꾸준히 쌓아간다

회사를 제대로 경영한다는 것은
헬리콥터의 동체를
공중에 띄우는 것과 같다.
열심히 끊임없이 프로펠러를
돌리지 않으면 헬리콥터는
다시 아래로 곤두박질치고 만다.
그것이 자연의 이치이다.
그러니 필사적으로 노력할 수밖에 없다.

─◁ 2008년 ▷─

창업 당시엔 경영이 무엇인지 전혀 알지 못했습니다. 어떻게 회사를 운영해야 직원들이 안심하며 일할 수 있는 환경을 만들 수 있는지조차 몰랐습니다. 그저 죽기 살기로 일하는 것밖에 몰랐는데, 그래도 매출이 올라 첫해부터 이익을 내고 2년차, 3년차에는 점차 안정되기 시작했습니다.

그래도 끊임없이 새로운 것, 예를 들어 연구 개발이나 기술 개발, 제품 개발 등에 도전했던 이유는 '안주한다'는 말이 제 철학이나 머릿속엔 없었기 때문입니다.

그 무렵, 제 머릿속에는 다음과 같은 생각이 박혀 있었습니다. 회사가 제대로 굴러가 매출이 오른다는 건 헬리콥터의 동체를 중력에 반해 지상에 띄워 놓는 것과 같고, 회사가 안정된다는 건 그 헬리콥터를 계속 공중에 띄워 놓는 것과 같다고. 만약 그 상황에서 열심히 엔진을 달궈 프로펠러를 돌리지 않으면, 헬리콥터를 위로 더 띄울 수 없을 뿐 아니라 심지어 헬리콥터가 점점 추락할 수도 있다고 생각했습니다.

회사가 안정되고 이익이 창출되면 거기에 안주해서 '이걸로 됐다'는 마음이 생기지만, 실상 끊임없이 프로펠러를 돌리지 않으면 공중의 헬리콥터가 점점 아래로 내려오는 것은 당연한 이치입니다. 사실 공중에 떠 있게 하는 것만으로도 엄청난 에너지가 필요합니다. 저는 종종 엔진 대신 인력으로 나는 헬리콥터에 제가 타고 있다고 상상했습니다. 스스로 열심히 손을 저어서 프로펠러를 돌리는 모습을 떠올렸습니다.

안정된 상태라는 것은, 헬리콥터가 공중에 뜬 채로 위로 올라가지도 않고 아래로 내려가지도 않는 상태를 의미합니다. 하지만 어느 정도로 프로펠러를 돌려야 그 애매한 상태에 계속 머무를 수 있을지는 알 수 없습니다. 그러니 어쨌든 아래로 떨어지지 않기 위해 안정됐다고 느낀 순간에도 열심히 프로펠러를 돌려야 합니다. 그렇게 열심히 돌리다 보면 더 위로 올라갈 수도 있을 것입니다. 반대로 이 정도면 됐다 싶어 더 이상 프로펠러를 돌리지 않는다면 어느 순간 아래로 곤두박질치게 될 것입니다. 그렇게 되면 더 이상 회사를 운영할 수 없으니 어떻게든 열심히 돌려야 합니다.

회사가 어느 정도 안정을 찾고 궤도에 올랐어도 한층 더 박차를 가했던 것은 제겐 항상 제대로 회사를 운영해야 한다는 위기감 같은 게 있었기 때문입니다. 얼마나 일을 하고, 얼마나 열심히 해야 이 안정된 상태가 유지되는지 알지 못했기 때문에 죽을 힘을 다해 계속해서 프로펠러를 돌리는 것 외에는 아무런 방도가 없었습니다. 지금 생각해 보면 유치하기 짝이 없는 생각이지만, 그럼에도 불구하고 매우 올바른 판단이었다고 생각합니다.

의외로 머리가 좋은 사람들이 '이 정도면 성공했다, 이 정도면 됐다' 싶은 생각에 고삐를 늦춥니다. 중력에 맞서서 여기까지 올라왔으니 이제는 안심해도 된다며 고삐를 늦추는 바람에 서서히 미끄러져 내려갑니다. 미끄러져 내려가는 중에도 아직은 충분히 안정적이라고 자신하다가 점점 더 손을 쓸 수 없는 상황에 이르러 결국 파산하기도 합니다. 이러한 자만심이야말로 성공한 사람을 실패로 이끄는 원흉입니다.

저는 궁상맞은 성격이랄까, 항상 어떤 위기감 같은 것을 느꼈기 때문에 필사적으로 손을 저어야만 겨우 공중에 떠오를 수 있다고 생각했습니다. 그런 생각 덕분에 계속 노력했습니다. 그 결과, 자연스럽게 점점 더 위로 떠오를 수 있었던 것 같습니다. 애초에 '이걸로 됐다'고 안심하는 마음 같은 것은 없었습니다. 좀 더 멋진 회사로 키우기 위해, 좀 더 안정적인 회사로 만들기 위해 머리를 싸매고 일편단심으로 항상 일에 매진했습니다.

제 3 장

강렬한 의지가 있는가

11
자신이 걸어갈 길을
스스로 개척한다

힘들 때,
어리석은 판단에 마음이 기울 때,
마음이 나약해질 때,
자신을 다독이고
용기를 불어넣을 수 있는 사람.
결코 푸념하지 않는 사람.
어려움이 닥치면 닥칠수록
미래를 위해 희망을 불태우며
불리한 조건 속에서도
노력을 멈추지 않는 사람.
그런 사람은 반드시 성공한다.

1982년

사람이 일을 통해 운명을 개척해 나가려면 새로운 목표를 내걸고 이를 위해 노력하는 수밖에 없습니다. 머리를 싸매고 생각에 생각을 거듭하면서 매일 한 걸음씩 노력해 나갈 수밖에 없습니다.

노력한다는 것은, 그저 무턱대고 일만 하는 게 아니라 마음속에 그린 목표를 달성하려면 무엇을, 어떻게 하면 좋을까 곰곰이 생각한다는 의미입니다. 바로 그렇게 했을 때 좋은 방법이 떠오릅니다. 그리고 좋은 방법이 떠올랐다면 곧바로 실행에 옮겨야 합니다. 물론 뜻대로 되지 않을 때가 많습니다. 그렇다 해도 그때마다 또다시 열심히 궁리해야 합니다. 생각하고 실행에 옮기고, 실행에 옮기고 나서 다시 생각하는 것을 반복하다 보면, 사고력이 놀라울 만큼 발전되고 실행력은 한층 더 높아집니다. 그리고 그 과정을 쌓아나가다 보면 반드시 목표에 도달할 수 있습니다.

시행착오를 겪다 보면 때론 커다란 시련이 찾아오기도 합니다. 이러지도 저러지도 못하는 상황에 빠지기도 합니다. 그럴 때 보통 사람들은 정신과 마음이 약해져 '이젠 안 되겠다.', '이런 노력도 다 헛수고가 아닌가'라고 생각합니다. 노력을 했음에도 실패한 경우를 보면서 '나도 저렇게 되진 않을까.', '이렇게 하면 정말로 잘될 수 있을까.' 싶은 불안감에 휩싸인 채 갈팡질팡합

이나모리 가즈오, 부러지지 않는 마음

니다.

이를 모두 떨쳐내고 '절대 그럴 리 없다. 이렇게 열심히 머리를 싸매고 다른 사람보다 두세 배의 노력을 했으니 실패할 리 없다. 지금은 불리한 상황에 내몰렸지만 이건 신이 내린 시련일 뿐 반드시 뚫고 나갈 수 있다'고 자신을 다독이며 스스로에게 용기를 불어넣는 것이 중요합니다. 이것이 바로 '셀프 모티베이션self-motivation'입니다.

어려움이 닥쳤을 때 자신을 다독이고 스스로에게 용기를 불어 넣어야 합니다. 즉, 마음속 깊은 곳에서 솟아나오는 의지력을 붙잡고, 지금과는 다른 자신을 상상하며 스스로를 격려하고 동기를 부여해야 합니다. 부정적인 생각을 해서는 안 된다고 자신에게 말해주는 것입니다.

이렇게 힘들 때, 어리석은 판단에 마음이 기울 때, 마음이 나약해질 때, 자신을 다독이고 용기를 불어넣을 수 있는 사람. 결코 푸념하지 않는 사람. 어려움이 닥치면 닥칠수록 미래를 위해 희망을 불태우며 불리한 조건 속에서도 노력을 멈추지 않는 사람. 그런 사람은 반드시 성공할 수 있습니다.

'목표를 달성하자.', '내 인생은 이렇게 되어야만 한다'는 소망을 품고서, 스스로 동기를 부여해가다 보면 마침내 그 의식이 잠재의식에 닿아 멋진 결과를 가져다줍니다.

최근 직원들과의 대화나 일의 결과물을 통해서 다시 한 번 깨달은 것은, 사람의 마음속에 있는 생각이 오롯이 결과로 나타난다는 점입니다.

모두 한껏 들떠 희망을 불태우며 일을 할 땐 모든 것이 매끄럽게 잘 돌아갑니다. 문제는 난관에 부딪혔을 때입니다. 마음이 어지러워지고 실수가 잦아지면, 아무리 노력한들 잘해낼 수 있을까 하는 생각에 불안해집니다. 지금까지 노력한 것에 대해 의구심이 들기 시작하면, 결과는 그 마음의 소리가 가리킨 대로 나타납니다.

즉, 자신의 마음속에 이미 일의 결과가 들어 있는 셈입니다.

이나모리 가즈오, 부러지지 않는 마음

12

올바른 목표를 세우고
곧장 나아간다

오르고자 하는 '산'이 험준하고
가파르다 하여 돌아간다면
'정상'에 다다를 수 없다.
오히려 두려워하지 말고
정상을 향해 곧게 나아가야 한다.

—————————— 세계 최고가 되고자 한다면, 그에 걸맞은 철학이 필요합니다. 가령, 세계 최고가 되려면 얼마나 노력해야 할까요. 분명 정신이 아득해질 정도로 엄청나게 노력하지 않는 한 그 자리에 오를 수는 없을 것입니다.

제가 쇼후공업松風工業에 있었을 때는, 도무지 풀리지 않는 문제로 고심하거나 괴로움에 지쳐 있다가도 섬광 같은 번뜩임이나 한 줄기 실마리를 찾아 한밤중에라도 일어나 다시 연구에 몰입하곤 했습니다. 그때 심정을 실험 노트에 종종 적어놓았는데, 말하자면 "세계 최고가 되려면, 이러한 마음과 생각과 생활태도를 갖추어야 한다"는 등의 다짐 같은 것이었습니다. 그리고 그것을 요약 정리한 것이 현재의 '교세라 필로소피'입니다. 그것을 작은 책자로 제작해서 전 사원에게 배포하였는데, 거기에는 교세라의 목적과 의의, 앞으로 회사가 나아가야 할 방향 등이 담겨 있습니다.

제가 말하고 싶은 것은 이것입니다. 일단은 '어떤 산을 오를지' 정해야 합니다. 반더포겔Wandervogel의 학생들처럼 근처에 있는 크고 작은 산을 오를 것인지, 세계 최고의 겨울 산을 오를 것인지… 목표로 정한 산이 무엇이냐에 따라서 장비도, 트레이닝 수준도 모두 달라집니다. 언덕을 하이킹하는 마음가짐과 사고방식으로는 아무리 "세계 최고가 될 거야"라고 선언한들 의미가 없습니다. 즉, 벤처를 중소기업이나 중견기업으로 키워내는 것을 최종 성공으로 삼을 것인지, 아니면 세계 최고의 회사로 키워내는 것을 최종 성공으로 삼을 것인지, 다시 말해 어떤 수준의 회사를 만들고 싶은지 정해야 합니다. 그리고 만약 세계 최고를 목표로 했다면 "세계 최고의 산을 오르자, 물론 엄청 힘들 거야. 그러니 이런 마음가짐이 필요해"라고 모두 함께 다짐해야 합니다.

교세라는 1959년 4월 1일에 첫 문을 열었습니다. 그리고 당연하게도 모두 함께 "세계 최고의 산에 오르자"고 다짐해 주었습니다.

전 아무래도 제 인생에서 아주 험준한 산을 오르고 싶었던 것 같습니다. 이전 회사에서 근무했을 때도 주제도 모르고 항상 오를 수 없을 법한 산을 목표로 삼았습니다. 수직으로 높게 치솟은 암벽에 매달려서 뒤를 따르는 직원들에게 따라오라고 외치는 자신의 모습을 상상하곤 했습니다. 그런데 손이 미끄러지거나 발을 헛딛거나 하면 대부분은 깊은 골짜기로 떨어질 것 같다며 공포감에 휩싸여 얼어붙습니다. "더 이상 함께 하지 못하겠다"며 "그만두고 싶다"는 사람도 나타납니다.

"당신의 엄격한 기준에 더 이상 맞출 수 없다, 그만두고 싶다"는 반응이 나오면 나의 내면에서도 이런 목소리가 들립니다.

'다들 저렇게 생각하는데, 지금 이 산을 수직으로 기어오를 필요는 없지 않은가. 기술도 없는데 이렇게 아득바득 맨손으로 매달려 올라간들 모두 쓸데없는 짓이다. 대부분은 따라오지 못할 거다. 설령 따라온다 해도 도중에 전부 다, 결국엔 나마저 굴러 떨어져 죽을 수 있다. 그렇다면 좀 돌아가도 괜찮지 않을까. 산기슭에서부터 천천히 고도를 높여 올라가는 방법도 있지 않을까.'

그러나 그때마다 저는 '아니, 나는 그렇게 하지 않을 거야'라고 마음을 다잡았습니다.

누구나 그런 식으로 타협하고 맙니다. 처음엔 높고 험준한 산을 오를 마음이었어도, 수직으로 오르는 건 불가능하니 천천히 오르려 합니다. 그런데 돌아서 올라가다 보면 더 이상 정상이 보이지 않게 됩니다. 조금씩 돌아가며 오르면 5부 능선도 오르지 못했는데 포기하게 됩니다. 예를 들어, 나이가 벌써 70세가 되고 말았다거나 그래서 자신이 원했던 정상과는 다른 곳을 아직도 헤매고 있다거나. 물론 "어쩔 수 없지. 난 열심히 했어"라고 스스로 다독일 수는 있습니다. 하지만 천천히 비스듬히 오른다는 것은 세상과 타협하는 것뿐 아니라 자기 자신과도 타협하는 것입니다. 그래도 그 선택이 옳았다고 스스로를 타이르다가 결국엔 처음에 세웠던 목표의 대부분에도 이르지 못한 채 생을

이나모리 가즈오, 부러지지 않는 마음

마감하고 맙니다.

'뒤를 따르는 사람도 없고 언제 굴러 떨어질지도 모르지만, 어차피 그렇게 될 바에야 단 한 번뿐인 인생에 족적을 남기자. 일단 올라가 보자.'

교세라를 세우기로 결심한 순간, 이와 비슷한 생각을 했던 게 기억납니다.

다니던 회사를 12월에 그만두고, 회사 경영이라는 모험에 나서는 게 두려워 지금의 아내에게 "나와 함께 해주지 않겠소"라고 부탁했습니다. 아내가 함께 해준다면 조금이나마 안심할 수 있을 것 같아, 성공은커녕 회사 경영을 시작하기도 전에 청혼해서 결혼식을 올렸습니다. 그때 아내에게 "아무도 나를 따라와주지 않아도 당신만큼은 내 등을 밀어 달라"고 말했던 기억이 납니다. 아무도 따라와 주지 않을지도 모른다, 그게 너무나 두려워서 "당신만큼은 나를 믿고 내 등을 밀어 달라"고 말했던 것입니다.

그 당시 함께 일하던 동료들에게 "이나모리 가즈오의 기술을 세계로부터 평가받고 싶다"는 말로 도움을 구했지만, 그 힘든 길을 동행하지 않을지도 모른다고 생각했습니다. 물론 실제로는 그때 일곱 명의 동료들이 저를 믿고 따라와 줬고, 저는 기존 회사를 그만둔 그들과 함께 교세라를 세울 수 있었습니다.

다시 한 번 말하자면, 이런 아이디어로 이런 회사를 시작하고 싶다는 마음이 정해졌다면 그 회사가 목표로 삼아야 할 곳도 정해야 합니다. 그것을 정해야 마음가짐이 달라집니다. 만약 세계 최고의 산을 목표로 삼았다면 어설픈 마음가짐으로 시작해서는 안 됩니다. 그에 맞는 장비, 즉 철학을 갖추어야 합니다. 이것을 꼭 기억해야 합니다.

13

고난에 맞서
정면 승부하라

비겁한 사람,
변명을 늘어놓거나 도망치거나
책임을 전가하려는 사람을
요직에 두어선 안 된다.
리더에게는 고난이 닥쳐도
자신을 다그치며, 그곳에서
한 발자국도 물러서지 않는
용기가 필요하다.

1993년

━━━━━━━━━━━━━━━━━ 경영을 하다 보면 수많은 난관에 부딪히게 됩니다. 고난이 닥치면 아무래도 겁을 집어먹고 맙니다. 고난에 맞서 정면 승부를 보려면 엄청난 노력이 필요하므로, 자신도 모르게 뒷걸음질 치게 됩니다.

그러면서 정면 승부가 아닌 다른 방법은 없는지 생각하게 됩니다. 학식을 갖춘 엘리트일수록 정면으로 고난을 헤쳐가려 하지 않고 다른 방법을 궁리합니다. 용기가 없기 때문입니다. 용기가 없으니 다른 쉬운 길은 없는지 궁리하는 것입니다. 하지만 현실에서 등을 보이는 순간, 해결할 수 있는 일마저 해결할 수 없게 됩니다.

똘똘 뭉쳐 고난을 함께 헤쳐 가려 했던 직원들도 리더의 겁먹은 모습을 본 순간, 빠져나갈 궁리를 하게 됩니다. 리더가 비겁한 모습을 보이면 부하 직원들은 문제를 해결하기는커녕 회피하려 하고, 그 결과로 그때까지는 순조롭게 흘러갔던 일들마저 뒤틀립니다.

이는 최고 경영자만의 문제가 아닙니다. 부장이든 과장이든, 변명을 늘어놓거나 도망치거나 책임을 전가하려는 비겁한 사람을 요직에 두어서는 절대 안 됩니다. 이는 조직이 부패하는 원흉이 됩니다.

곤경이나 불행 앞에서, 어려운 상황이 시작될 때 용감하게 먼

이나모리 가즈오, 부러지지 않는 마음

저 나서는 사람은 좀처럼 찾아보기 어렵습니다. 경영자들도 마찬가지입니다. 곤경에 처하게 되면 당연하게도 모두 뒷걸음질을 치고 맙니다. 하지만 리더라면 속으로는 겁이 나도 직원들 앞에서는 그런 모습을 보이면 안 된다고 자신을 다독일 줄 알아야 합니다. 문제 앞에서 한 발자국도 물러서서는 안 됩니다. 물론 당연히 도망치고 싶고 두렵겠지요. 하지만 책임이 있으니 물러서지 않겠다는, 거짓으로라도 좋으니 그런 용기를 보이는 게 필요합니다.

14

포기하고 싶을 때가
진정으로 시작할 때이다

성공한 자와 실패한 자의 차이는
종이 한 장 정도다. 그리고 그 차이는
일이 생각대로 되지 않을 때 나타난다.
'거기에서' 모든 것이 시작된다.
어려움이 있기 전까지는 모두 노력한다.
하지만 실패하는 자는
'어려움이 도래할 때'를 넘지 못한다.
보통 사람이 하는 만큼은 노력할 수 있어도,
그 이후부터는 못하겠다며 포기하고 만다.
끝이라고 생각될 때, 끝이라고 생각하지 말고
될 때까지 해 나가라. 생각에 생각을 거듭하라.
해답은 그때 보이기 시작한다.

~ 1983년 ~

부하 직원들에게 무턱대고 물건을 팔라고 다그쳐도 판매는 일어나지 않습니다. 고객을 공략하려면 구체적인 전략을 세워야 합니다. 일반적인 방법으로 접근하면 만나주지도 않고 사주지도 않는 게 당연합니다.

"그 고객은 만나보았나?"

"만났는데 팔지는 못했습니다."

"아, 그런가…."

이런 식으로는 곤란합니다. 어떻게 해야 경쟁 업체보다 더 팔 수 있을까를 생각해야 합니다.

만나주지 않는다면 낮이고 밤이고 찾아가 만나줄 때까지 버티는 것도 한 방법입니다. 저곳의 지점정과 꼭 만나야 하는데 만나주지 않는다면, 지점장이 출근하는 시간을 기다렸다가 문 앞에서 함께 걸어가면서 "1분이라도 좋으니 시간을 내주십시오. 저희 회사는 이런 곳이고, 그동안 몇 번이나 찾아뵀는데, 저희 물건을 한번 봐주시지 않겠습니까"라고 간청하는 것입니다.

예를 들어, 단순히 복사기를 소개해야 한다면 "저희 복사기를 사용하면 일 년에 이 정도 비용을 줄일 수 있습니다"라고 이점을 말할 수도 있습니다. 그런데 만약 몇 억 엔을 더 팔아야 하는 상황이라면 더 나아가 특별한 방법을 생각해내야 합니다. 고민할수록 아이디어는 더 많이 떠오릅니다. 이것이 바로 창의적인 사고입니다. 팔아야 한다고 무턱대고 달려들기만 하면 팔릴 리 없습니다. 일단 어떻게든 팔겠다는 마음가짐을 장착하고 고민을 거듭해야 합니다. 그러다 보면, 지혜가 샘솟고 창의적인 방법이 싹틉니다.

리더만 이렇게 해야 하는 것은 아닙니다. 직원들도 함께 "어떻게 판매할지, 좋은 아이디어는 없는지, 이런 아이디어가 있는데 다들 어떻게 생각하는지"와 같은 이야기를 주고받으며, 지혜를 모아 전략을 짜야 합니다. 그리고 전략을 짰다면 모조리 실행에 옮겨야 합니다. 무서운 집념으로 매달려야 합니다. 열심히 생각하고 맹렬히 박차를 가해 실행에 옮기고 그 결과가 좋지 않으면 또 생각하고… 이를 끝없이 반복해야 합니다.

실패한 자는 "해도 안 된다"며 푸념을 늘어놓습니다. 성공한 자는 열의를 불태우며 생각을 거듭해 실행으로 옮깁니다. 그 결과가 항상 좋으리란 법은 없지만, 그럼에도 불구하고 반성하고 다시 생각해서 실행에 옮깁니다. 이를 끝도 없이 해나갈 수 있는 끈기가 중요합니다. 실패한 자는 "해봤지만 잘되지 않았다"며 불평불만을 늘어놓습니다. 그렇지 않아도 힘든 와중에 불평불만을 늘어놓으면 열정마저 사라져 그것으로 정말 끝나버리고 맙니다.

성공한 자와 실패한 자의 차이는 종이 한 장 정도입니다. 실패

이나모리 가즈오, 부러지지 않는 마음

한 자는 성공한 자의 이야기를 들으면서 "나도 그렇게 했다"고 말하곤 합니다. '그런데 왜 난 실패하고 저 자는 성공했나. 세상은 불공평하다'라고 생각합니다. 전혀 불공평하지 않습니다. 일이 생각대로 되지 않았을 때 어떻게 대처하느냐가 중요합니다. 끝이라고 생각될 때 그때가 바로 다시 시작해야 할 때입니다.

보통 사람들도 일이 잘 굴러갈 때는 모두 노력합니다. 하지만 일이 어려워지는 순간을 넘지 못합니다. 남들 하는 만큼은 노력하지만 그 다음부터는 하지 않습니다. 그러면서 "하지 못한다"며 포기하고 맙니다.

새로운 일에 도전할 때 가장 문제가 되는 것은 고정 관념에 사로잡힌 나머지, 상식에서 벗어난 일에는 도전하지 않는 것입니다. 그래서 저는 여러분의 상식을 깨부수려 하는 것입니다. 한 사람당 500만 엔 정도 매출을 올리면 그걸로 됐다고 생각하는 사람이 많습니다. 그것이 상식적이라고 생각합니다. 즉 '아무리 노력해도 한 사람이 올릴 수 있는 매출은 이 정도 선'이라고 단정 짓는 것이지요.

"저기는 500만 엔, 우리는 300만 엔 매출을 올렸으니 거기서 거기지 뭐"라며 겁쟁이들끼리 모여 앉아 서로를 위로하고 있을지라도 그중 누군가가 갑자기 1억 엔의 매출을 올려 버리면 상황은 달라집니다. "대체 뭘 하고 있는 거야, 매일 노닥거리기나

하고"라는 말이 300만 엔이나 500만 엔을 팔던 무리에게 쏟아질 수밖에 없습니다.

학교에서도 마찬가지입니다. 수재들이 모인 학교라고 해도 모두 같은 수준의 수재는 아닙니다. 그중에 특출 난 사람이 있으면 모두들 그 한 명에게서 자극을 받게 됩니다. 야구팀도 마찬가지입니다. 잘하는 선수가 있으면 그에 자극을 받아 팀 전체가 강해집니다. 만약 영업소에서 누군가가 눈에 띄게 매출을 올리면 이에 자극을 받아 전체 팀이 성장하게 됩니다. 반대로 고만고만한 사람들만 모아두면 전체가 제대로 굴러가지 않습니다.

저는, 헤이케가平家의 진영을 피해 미나모토노 요시쓰네源義経가 자신을 받들던 장수들과 함께 절벽과도 같은 히요도리고에鵯越를 기어 내려갔을 때의 일화를 자주 말하곤 합니다. 멋진 갑옷을 두른 장수들이 절벽을 앞두고 "위험합니다. 이곳은 말을 타고 내려갈 수 없습니다"라고 주저하자, 요시쓰네는 절벽을 오르내리는 사슴을 보고 "사슴이 다니고 있지 않은가. 사슴도, 말도 다리는 4개다"며 채찍을 휘두르며 앞장섰습니다. 다들 불가능하다고 생각한 것을 이겨내려 한 것입니다.

상식적으로 생각하는 사람이라면 "이건 도저히 불가능하다. 말을 타고 내려가다 떨어져 죽을 것이다"며 포기할 것입니다.

그렇게 생각하는 게 일반적입니다. 하지만 성공하는 자는 자신을 다독이며 지금 처해 있는 상황을 확실히 파악하고 나아갈 목표를 세웁니다. 자신이 가지고 있는 병력과 무기를 보고, 목표를 달성하려면 어떻게 해야 할지 곰곰이 생각합니다. 학식이 뛰어나지 않아도 상관없습니다. 그런 것과는 상관없이 열심히 진지하게 생각을 거듭하다 보면 기발한 아이디어는 떠오르게 마련입니다. 그런 사람들은 부하 직원과도 이러한 말을 주고받습니다.

"난 이렇게 생각하는데 자네 생각은 어떤가."

"좋은 생각인 것 같습니다."

"좋아, 그럼 오늘부터 이렇게 해 보자."

매출이 시원치 않다면 '영업이 문제인가, 제품의 질이 문제인가, 뭐가 잘못된 것인가'하고 생각에 생각을 거듭합니다. 더 이상 안 된다며 포기하는 대신 몇 번이고 부딪힙니다. 해답은 바로 그 과정에서 찾아옵니다.

15
감성적인 고민을
하지 않는다

감성적인 번뇌에
빠지지 않는 게 중요하다.
무슨 일이 생기더라도 번뇌할 필요 없고,
번뇌해서도 안 된다.
결코 마음을 어지럽혀서는 안 된다.
반성했으면 새롭게 생각하고
새로운 행동으로 옮겨야 한다.
마음속 번뇌와 고뇌에서 방향을 틀어
새로운 미래를 바라봐야 한다.

2008년

인생을 살다 보면 걱정거리나 실패 등 마음을 어지럽히는 일들을 무수히 많이 만나게 됩니다. 하지만 이미 일어난 일을 언제까지고 고민해 봤자 아무 소용이 없습니다. 끙끙대며 고민하다 보면, 마음에 병이 들고 몸에도 병이 들어 인생을 불행에 빠뜨리게 됩니다.

그러니 이미 일어난 일은 지나치게 걱정하지 말고, 새로운 사고와 행동으로 관심을 돌리는 게 중요합니다.

이미 끝난 일에 대해 반성은 하더라도 감정적으로, 감성적으로 마음을 괴롭히는 대신 이성적으로 생각하고 새로운 행동으로 옮겨야 합니다. 그렇게 해야 멋진 인생을 살아갈 수 있습니다.

"한번 엎지른 물은 주워 담지 못한다"는 말처럼 이미 엎지른 물을 원래대로 돌릴 수는 없습니다. '왜 그랬을까.', '그렇게 하지 말았어야 했어'라며 언제까지고 후회한들 소용없습니다. 그러니 그런 생각은 할 필요가 없습니다.

물론 실패한 것은 반성해야 합니다. '왜 그렇게 바보 같은 짓을 했을까.' 하고 한 번은 호되게 반성해야 합니다. 하지만 충분히 반성했다면 그 생각은 이제 머릿속에서 지워버려야 합니다. 끙끙대며 고민할 필요가 없습니다. 이는 인생에서도, 일에서도 마찬가지입니다.

왜 그런 일이 일어났는지 충분히 반성하고 두 번 다시 그러지 않겠다고 다짐만 한다면, 그 후부터는 모두 잊어버리면 됩니다. 그리고 새로운 생각으로 현재에 당당히 맞서야 합니다. 도움이 되지 않는 고민에 빠져 있어서는 안 됩니다. 깨끗이 지워내고 새로운 일을 위해 행동하도록 노력해야 합니다. 그런 사람은 실패를 했다 해도 언젠가는 반드시 성공할 수밖에 없습니다.

많은 사람들이 감성적인 번뇌에 빠지곤 합니다. 그래서인지 일본에서는 1년에 30,000명이 넘는 사람들이 목숨을 끊고는 합니다(2008년 기준). 그들에게도 금전적인 문제나 인간관계 등, 고민거리가 많았을 테지요. 하지만 "이봐, 그 일로 죽지는 않았잖아. 살아 있는 것만으로 정말 다행이야"라고 자신을 토닥이며, 고뇌를 극복해 나가는 것이 중요합니다.

살다 보면 수많은 고민거리에 휩싸이게 됩니다. 일을 하다 보면 수많은 문제에 부딪힙니다. 문제를 해결하기 위한 고민은 해야 하지만 쓸데없는 고뇌는 하지 않아도 괜찮습니다.

중요한 것은, 감성적인 번뇌에 빠지지 않는 것입니다. 어떤 일이 생겼든 어떤 문제가 발생했든, 설령 살아가기 힘든 일이 생겼다고 해도 그것에만 빠져 있어서는 안 됩니다. 절대 마음을 어지럽혀선 안 됩니다. 반성한 후에는 새로운 생각으로, 새로운 행동으로 옮겨가는 것이 중요합니다. 새로운 사고와 새로운 행동을 시작해서 마음의 번뇌와 고뇌에서 시선을 돌려 새로운 방향을 바라봐야 합니다.

인생을 살다 보면 누구나 실패할 수도 있고 실수를 저지를 수도 있습니다. 인간이란 실패와 실수를 반복하면서 성장해 나가는 존재니까요. 그러니 실패했다고 지나치게 애석해 할 필요는 없습니다. 그보다는 미래로 눈을 돌려 새로운 행동으로 옮겨가는 것이 인생을 살아가는 데 있어 그 무엇보다도 중요합니다.

16
투쟁심을 불태운다

일을 할 때는 근성이 필요하다.
투쟁심을 불태워야 한다.
물론 아무 때나
투쟁심이 유용한 것은 아니다.
투쟁심을 발휘해야 할 때와
억제해야 할 때를 알고
'정신력'을 통해 이것을 조절해야 한다.

⊱ 1991년 ⊰

요즘에는 근성이나 투쟁심 같은 것이 점점 희박해져 가고 있는 것 같아 걱정입니다. 누가 뭐라고 해도 목표를 향해 개의치 않고 뚫고 나가려는 불타는 투쟁심 같은 것이 사라지고 있는 듯합니다.

경영을 하는 데 있어서 이러한 투쟁심은 기지機智나 리더십처럼 결코 빼놓을 수 없는 성공의 조건입니다. 허약한 강아지가 허세를 부리며 왕왕 짖어대는 것을 말하는 게 아닙니다. 맹견처럼 한 번 물면 절대 놓지 않겠다는 집념에 가까운 투쟁심이 필요합니다. 승리를 향해 집념을 불태우는 근성이 없으면 아무것도 할 수 없습니다. 일을 할 때는 이러한 근성과 투쟁심을 가져야 합니다.

다만, 이러한 투쟁심은 '본능'에 가까운 것이기 때문에 아무 때나 이빨을 드러내서는 안 됩니다. 투쟁심을 조절할 수 있는 힘도 필요합니다. 이를 가능케 하는 것이 바로 '정신'입니다. 이 '정신'을 통해서 투쟁심을 발휘해야 할 때와 그렇지 않아야 할 때를 알고 행동을 조절해야 합니다. 그런데 조절해야 할 투쟁심을 아예 잃어버린다면 그것은 그것대로 더 큰 문제입니다. 그런 직원이 많아지면 회사가 성장할 리 만무합니다.

경영이란 것은 의지입니다. '이렇게 되고 싶다', '이렇게 할 것이다'라고 결심한 것을 끝까지 밀어붙이는 강한 의지가 필요합니다. 마스터플랜이든 단기 목표든 그것을 달성하지 못했다면 리더로서는 실격입니다. 물론 사업에 있어서는 예기치 못한 변수가 발생하니 때로는 목표를 달성하지 못할 수도 있습니다. 하지만 그게 반복된다면 그 책임을 맡고 있는 사람을 더 이상 리더라고 부를 수 없습니다. 그만큼 의지가 약한 것이기 때문입니다.

경영을 둘러싼 환경은 끊임없이 변해 갑니다. 세계 경제도, 일본 경제도, 환율이나 수주 상황 등, 모든 것이 변화무쌍합니다. 그러한 와중에도 우리는 강한 의지와 임기응변으로 자신이 세운 목표를 달성해내야 합니다. 경영이란 것은 그야말로 의지에서 시작됩니다. 무슨 일이 있어도 해내야 한다는 강한 의지, 리더에게는 이것이 그 무엇보다 필요합니다. 또한, 그러한 의지를 조직에도 심어주어서 모든 사람을 이끌고 나가는 투지가 있어야 합니다. '다들 열심히 했으니 이번 결과는 어쩔 수 없다'와 같은 마음으로는 조직의 그 어떤 곳도 강해질 수 없습니다.

예전에 저는, 어떤 직원에게 "자네가 해내지 못하면 내가 뒤에서 기관총을 쏴 주지. 도망친들 어차피 죽은 목숨이니 죽기 살기로 해봐"라고 말한 적이 있습니다. '저승사자'마냥 그렇게 무섭게 몰아붙였습니다. 리더가 된 자는 때로는 그렇게 해서라도 목표를 수행해 나가야 합니다. 그렇게까지 몰아붙이지 않으

　　　　　　이나모리 가즈오, 부러지지 않는 마음

면 목표는 달성할 수 없습니다.

목표를 세우고 나서 실패, 그 다음에도 실패, 이러한 과정을 몇 번쯤 반복하다 보면 그 조직은 더 이상 지속될 수 없습니다. 이겨본 적이 없는, 이기는 요령을 알지 못하는 조직은 절대 오래 가지 못합니다. 요즘에는 모두 성실하게 일했음에도 불구하고 마스터플랜도, 단기 목표도 제대로 달성하지 못하는 경우가 늘고 있고, 그러한 결과를 아무렇지도 않게 여겨버립니다. 이는 리더에게 투쟁심이나 근성, 강한 의지력이 없기 때문입니다. 의지를 관철시켜 실현해 낸다는 것은 리더 자신에게도 괴로운 일이지만, 직원들에게도 괴로운 일입니다. 그렇기 때문에 그야말로 무시무시할 정도로 투쟁심을 불태우지 않으면, 제대로 해낼 수 없습니다.

물론 이러한 투쟁심이나 의지력은 양날의 검으로, 자칫 한도를 넘어서면 조직과 자신 또한 파멸의 길로 들어설 위험이 있습니다. 따라서 인간성을 갖추고 마음을 드높여야 합니다. 투쟁심이라는 검을 사용할 때는 그렇게 고된 자기 수양이 뒤따라야 합니다.

반면에 '어쨌든 열심히 해주고 있으니 어쩔 수 없다'고 생각하는 사람은 인간성이 파괴될 위험도 없지만, 강한 조직을 만들어 높은 목표를 달성할 수도 없습니다. 이런 사람은 주위 사람들에게 해를 끼칠 일도 없으니 수련을 하고 마음을 닦을 필요가 없을지도 모르겠습니다.

오히려 투쟁심과 의지력을 불태우며 사업을 성장시켜 갈 수 있는 사람이야말로 그 부정적인 측면이 발생했을 때 조직에 속한 사람들을 해할 위험이 있기 때문에 인간성을 갖추고 마음을 갈고닦아야 합니다.

그렇다고 제가 여러분에게 성인군자가 되라고 요구하는 것은 아닙니다. 단지, 경영을 하려면 뛰어난 기지와 리더십, 투철한 투쟁심, 강한 의지력 같은 날것의 '본능'이 반드시 필요하지만, 그것만으로는 조직을 고통에 빠뜨릴 수 있으니 그에 걸맞게 자신의 마음 역시 갈고닦아야 한다고 일러주는 것입니다.

제 4 장

•

인격을 힘써
가꿔야 하는 이유

17
마음을 드높여라

'마음을 드높여 경영에 몰입하라.'
기업의 실적은 곧 경영자의
인격과 그 궤를 같이 한다.
그러니 경영에 매진하고자 한다면
먼저 자신의 마음을 드높여야 한다.
그리하면 실적은
반드시 따라오게 되어 있다.

2007년

저는 예전부터 "경영의 성패는 최고 경영자의 그릇으로 결정된다"고 말해 왔습니다. 아무리 회사를 번듯하게 만들고자 해도 "게는 구멍을 파도 게딱지처럼 판다"는 말처럼, 그 규모는 경영자의 인간성, 즉 인간으로서의 그릇의 크기를 벗어날 수 없습니다.

예를 들어, 작은 기업을 경영해 성공을 거둔 경영자라 할지라도 기업의 규모가 커지는 것을 감당 못해 파산의 길로 접어들기도 합니다. 조직의 규모가 커진 만큼 경영자의 그릇이 커지지 않았기 때문입니다.

기업을 성장시키고자 한다면 경영 지식이나 스킬뿐만 아니라, 경영자로서의 그릇, 즉 스스로의 인간성과 철학, 사고방식, 인격과 같은 것을 끊임없이 향상시키고자 노력해야 합니다.

저 또한 처음부터 최고 경영자로서 적합한 그릇을 갖추었던 건 아닙니다. 젊었을 땐 미숙한 점이 많았습니다. 하지만 스스로도 그것을 잘 알고 있었고, 조금이라도 성장할 수 있도록 매일매일 끊임없이 노력했습니다. 제가 20년 전에도 "제 인생은 이념을 바로 세우기 위해 노력하는 날들"이라고 말했다는 것을 한 경영자가 알려주었습니다. 그때 그분은 제가 경영 기술뿐 아니라 경영에 걸맞은 이념, 사고방식, 철학을 익히기 위해 노력하고 있다는 말을 듣고 크게 감동 받았다고 했습니다.

저는 젊었을 때부터 철학이나 종교와 관련된 책들을 머리맡에 쌓아놓고 잠들기 전에 조금이라도 읽으려 노력했습니다. 아무리 늦게 들어온 날이라도 한 페이지 정도는 읽고 자려고 애썼습니다. 젊었을 때부터 그런 나날을 보냈기 때문에 치기 어린 표현일지라도 "내 인생은 이념을 바로 세우기 위해 노력하는 날들"이라고 자신의 반생애를 평가할 수 있었던 것입니다.

이런 노력을 기울이는 경영자는 많지 않으리라 생각합니다. 마쓰시타전기산업(현 파나소닉) 그룹을 창업한 마쓰시타 고노스케松下幸之助 씨, 혼다기연공업本田技研工業을 창업한 혼다 소이치로本田宗一郎 씨 정도가 지금 막 머릿속에 떠오르는군요.

교세라가 순조롭게 성장해서 상장을 앞두고 있었을 때의 일도 떠오릅니다. 벌써 30년 전의 일입니다. 그 당시 저는, 일본을 대표하고 있던 어느 대형 은행의 은행장과 만나 마쓰시타 고노스케 씨에 대한 말을 나누고 있었습니다. 평소 마쓰시타 씨의 저서를 많이 읽으면서 그에 대한 존경심을 갖게 되었다고, 그와 같은 자세로 경영에 임하고 싶다고 제 생각을 말했습니다.

마쓰시타 씨를 잘 알고 있었던 분이었기에 당연히 맞장구를 쳐주리라 생각했습니다. 하지만 그는 오히려 "마쓰시타 씨도 젊었을 땐 철이 없었어. 자네처럼 젊은 사람이 벌써부터 그런 애늙은이 같은 말을 하다니, 대체 어찌된 셈인가" 하며 저를 나무

랐습니다.

저는 그 말을 듣고 깜짝 놀랐습니다. 젊을 때는 당연히 부족한 것이 많습니다. 그래도 자신의 인간성을 갈고닦는 일은 누구에게나 중요하다고 생각했는데, 대형 은행을 맡고 있는 분이 그 사실을 이해하지 못한다는 것에 놀라고 말았습니다.

그 후, 저는 실제로 노년기를 맞이한 마쓰시타 씨를 직접 만나 대화를 나눌 기회를 얻게 되었습니다. 역시 그분은 기대한 대로 훌륭한 인품과 식견을 겸비한 불세출의 경영자였습니다. 실제로 마쓰시타전기산업을 세계 유수의 기업으로 키워낸 그는 아마도 평생에 걸쳐 자신의 그릇을 키우기 위해 노력했을 것입니다.

혼다 소이치로 씨도 마찬가지입니다. 일개 자동차 수리 공장을 세계적 기업으로 키워낸 그분은 젊었을 땐 꽤나 거친 성격의 소유자였다고 합니다. 혼다 씨는 "놀고 싶어서 일을 한다"는 말을 거리낌 없이 하면서, 현장에서 설렁설렁 하는 직원이 있으면 단박에 철봉이나 스패너를 날렸다고 합니다.

저는 혼다 씨가 명성을 얻은 만년晩年에 그와 함께 한 적이 있습니다. 혼다 씨를 포함한 몇몇 경영자 분들과 함께 해외 특별 회원 신분으로 스웨덴의 왕립과학기술 아카데미 행사에 초대를 받았기 때문입니다.

일주일 정도 혼다 씨 일행과 함께 지내면서 새삼 그의 훌륭한 성품에 감탄하고 말았습니다. 젊은 시절의 에피소드가 믿기지 않을 만큼 말년의 그는 온화하고 겸손하며 배려심이 넘치는 분이었습니다. 혼다 씨가 그렇게 평생에 걸쳐 인격을 갈고닦았기 때문에 혼다기연공업이 세계적인 자동차 기업으로 성장할 수 있었을 것이라고 생각했습니다.

　'마음을 드높여 경영에 몰입하라'는 말은, 그야말로 경영의 진수 같은 말입니다. 기업의 실적과 경영자의 인격은 항상 함께 가기 때문입니다. 그러니 경영에 매진할 생각이라면 우선 경영자인 자신의 마음을 드높여야 합니다. 그러면 실적은 반드시 따라오게 되어 있습니다.

　마음을 드높이는 일을 게을리 한 경영자는 일단 크게 성공한다 해도 종국에는 몰락을 피하기 어렵습니다. 비즈니스에 성공하고 당시에는 훌륭해 보였다 해도 빠르면 10년, 늦어도 30년 안에는 쇠퇴의 길로 들어서고 맙니다. 처음에는 일에 몰두하면서 일시적으로 인격을 높일 수 있었다 해도, 사업이 성공한 후에 그 노력을 게을리 하면 어느새 겸손함은 사라지고 맙니다. 처음부터 고매한 사고방식과 훌륭한 인격을 갖춘 사람은 없습니다. 인간은 한평생 스스로의 의지와 노력으로 인격을 키워 가야 합니다.

특히, 수많은 사원을 거느리고 그들의 삶을 짊어진 경영자라면 남들보다 큰 책임을 지고 있는 만큼, 한평생 끊임없이 매일매일 연구에 힘쓰며 인격을 높여가야 합니다. 이것이야말로 경영자가 짊어져야 하는 의무라 생각합니다.

18

인격을 높이고
유지하려고 애쓴다

헬리콥터는 프로펠러를 돌리지 않으면
중력을 이겨낼 수 없다.
마찬가지로 마음의 울림을 유지하려면
항상 배우고 반성해야 한다.
그것에서 한 단계 더 나아가
인격과 인간성을 높이려면 당연하게도
더 많은 노력을 기울여야 한다.

1992년

대부분의 사람들은 아무리 좋은 책이라도 몇 번씩 되풀이해서 읽지는 않을 것입니다. 하지만 훌륭한 사람, 멋진 인생을 꾸려가는 사람은 한 권의 책을 너덜너덜해질 때까지 읽습니다.

아무리 훌륭한 사람이라도 반복해서 반성하지 않으면 그 인품을 유지하기가 어렵습니다. 가령, 어떤 공부나 모임을 통해서 혹은 좋은 책을 읽고서 감명을 받았다고 해도 그때뿐입니다. 그 감명이 마음속 깊은 곳까지 전해지지는 않습니다. 그 과정을 몇 번이고 되풀이해야 비로소 그 울림이 마음속 깊은 곳까지 고스란히 전해집니다.

이것은 땅위로 두둥실 떠오르는 것과 같습니다. 공중에 계속 떠 있기 위해서는 에너지가 계속 전달돼야 합니다. 헬리콥터라면 프로펠러가 계속 돌아가야 하고, 로켓이라면 추진력을 내는 에너지가 계속 필요합니다. 그것이 사라지면 결국 다시 땅위로 내려올 수밖에 없습니다. 마음의 울림도 마찬가지입니다. 그 울림을 유지하려면 배우는 자세를 유지하고 항상 반성해야 합니다. 거기에 더해 인격과 인간성을 향상시키려면 그보다 더 많은 노력이 필요합니다.

훌륭하고 위대한 사람이라고 생각했던 경영자도, 세월이 흐르고 나이가 들면서 보통 수준은커녕 결코 본받고 싶지 않은 사

이나모리 가즈오, 부러지지 않는 마음

람으로 변질되는 경우를 종종 봤습니다. 다른 이들의 귀감이 되었던 자도, 사고방식이 비뚤어지기기 시작하면서 자신은 물론 회사까지 주저앉게 만드는 경우도 봤습니다.

전성기 때에는 건강한 사고방식과 넘치는 의욕으로 회사를 크게 키워냈던 사람이라도 나이가 들면서 사고방식이 변해가는 모습을 많이 봅니다. 반성이라는 마음의 양식을 충분히 쌓지 않았기 때문입니다.

종교계도 마찬가지입니다. 젊었을 때 고된 수행을 통해 고매한 식견을 갖추어 큰스님이나 노승으로 불리던 사람도 나이가 들면서 그 수식어에 맞지 않게 변하는 경우가 왕왕 있습니다. 수행을 통해 깨달음을 얻고 인격을 쌓아 올렸다 해도 이를 유지하려면 계속 수행을 이어나가야 합니다. 그렇지 않으면 금세 그전으로 돌아와 버리는 게 인간의 마음입니다. 따라서 그 사람이 위대한지 아닌지는 과거에 쌓은 업적보다는 현재 그 사람이 보여주는 삶의 태도로 판단해야 합니다.

저 같은 사람은 둔감해지지 않으려고 아무리 애를 써도 어느 순간, 게을러지고 맙니다. 그래서 변질되는 것을 막기 위해 항상 반성하려고 노력합니다. 저는 반성하는 삶이야말로 인간을 발전시키는 원동력이라 생각합니다.

세이와주쿠에서 이런 이야기를 나눌 수 있어서 매우 뜻깊었습니다. 그러니 한 번 듣는 것으로 끝내지 말고 이 메시지를 마음속에 새겨 주시기를 바랍니다. 감동받은 순간에는 나도 이렇게 해 봐야지 하는 마음이 들어도 그 순간이 지나면 다른 행동을 하고 마는 게 인간입니다. 그러한 본능을 깨닫고 이래서는 안 된다, 변해야 한다며 자신을 다그쳐도 좋습니다.

마음의 문제는 계속해서 반복을 거듭하며, 똑같은 말을 귀에 못이 박히도록 들어가면서 스스로 고쳐나갈 필요가 있습니다.

모두들, 단 한 번뿐인 인생 속에서 인격을 높여 진정한 경영자가 되기 위해 이곳을 찾았다고 생각합니다. 그러니 인격을 갈고닦는 일에서 즐거움을 찾길 바랍니다. 의외로 그 작업은, 자신에게도 주변에게도 도움이 될 뿐만 아니라 몸에 익지 않은 낚시나 골프를 하는 것보다 훨씬 더 큰 기쁨을 가져다 줍니다.

이나모리 가즈오, 부러지지 않는 마음

19
매일 반성하는 삶을 산다

매일 잠들기 전에라도
마음을 조용히 가라앉히고
오늘 하루를 되돌아보며 반성한다.
"바보처럼 굴었다"며
스스로를 꾸짖는다.
다음날 아침 세수를 하면서
"이 바보"라고 스스로를 꾸짖는다.
"신이시여, 용서해주소서.",
"어머님, 죄송합니다." 하고
소리 내어 말한다.
이렇게 매일 반성하는 것은
매우 중요하다.

2008년

─────────── 매일 반성하는 것은 겸손함을 유지하는 방법입니다.

하루를 마치면서 되돌아보고 스스로를 객관적으로 관찰하며, '오늘 하루 다른 사람에게 불쾌감을 주진 않았는지', '건방을 떨진 않았는지', 또는 '비겁한 짓은 하지 않았는지' 등, 하나하나 되짚어보며 반성해야 합니다. 그리고 이를 습관화해야 합니다. 매일 잠들기 전에라도 마음을 조용히 가라앉히고 오늘 하루를 되돌아봐야 합니다.

저는 젊었을 때부터 열심히 일했습니다. 누구에게도 지지 않을 만큼 노력했습니다. 시골 출신인 저를 믿고 회사를 세울 수 있도록 투자하며 도와준 분들을 저버리지 않기 위해서였습니다. "이걸로 한번 해 보십시오"라고 손을 내밀어준 분들의 믿음을 저버릴 수 없었기 때문입니다.

하지만 전 기술자였습니다. 세라믹을 만들거나 연구할 순 있어도 경영을 해나갈 만한 능력은 없었습니다. 그래서 회사가 언제, 어느 때 무너질지 모른다는 불안감을 떨칠 수 없었습니다. 그 덕분에 아침부터 밤까지 열심히 일하긴 했지만, 동시에 매일이 반성의 날들이었습니다.

지금도 그렇지만, 종종 술을 마시며 사람들과 이야기를 나눌 때 혹시라도 술에 취해 다른 사람에게 실례가 되는 말을 하지는 않았나 걱정할 때가 있습니다. 그럴 때는 잠들기 전에 이를 반성하며 곰곰이 되짚어 봅니다. 그리고 술에 취한 자신을 보며 "너, 바보 아냐?"라고 자책합니다.

　단순히 마음속으로만 반성하는 것이 아니라, 다음날 아침에 세수를 하면서도 커다란 목소리로 "바보"라고 외치며 꾸짖습니다. 그리고 "신이시여, 용서해 주소서"라고도 말합니다. 때로는 "어머님, 죄송합니다"라고도 말합니다. 76세나 됐지만 아직도 소리 내어 "어머님, 죄송합니다"라고 말하는 것입니다. 이런 모습을 아내나 딸에게 들키면 민망하니 화장실 문은 꼭 닫아둡니다. 이렇게 젊었을 때부터 반성해 온 습관을 지금도 계속 이어 나가고 있습니다.

20
거만함을 버리고
겸허하게

인격이나 사고방식은 변하게 마련이다.
변질되지 않을 정도로
강하게 단련된 정신력,
상황과 환경과 조건이 바뀌어도
겸허함을 잃지 않는
변함없는 인격을 갖추지 못하면
참된 리더가 될 수 없다.

⟨ 2001년 ⟩

저는 몰락해가는 기업을 볼 때마다 괴롭습니다. 창업형인 경우에는 더욱더 그렇습니다.

"한 나라는 한 사람에 의해서 흥망이 결정된다"는 말처럼 기업도 한 사람에 의해 흥하기도 하고 망하기도 합니다. 이는 여러분들도 잘 알고 계시리라 생각합니다.

능력 있고, 열정 있고, 사고방식도 비뚤어지지 않은 경영자가 노력해서 성공을 거두었습니다. 회사는 날이 갈수록 성장합니다. 그런데 그 과정에서 경영자의 사고방식이 변질되고 맙니다. 회사가 순조롭게 성장 가도를 달릴 때까진 분명히 능력도 있고 열의도 있고 사고방식도 건전한 경영자였는데, 큰 성공이 계속되면서 그 사람의 인생관이 달라집니다. 돈에 집착하기 시작하거나 명예욕에 빠져서, 정신과 사고방식이 점차 비뚤어지고 결국 몰락의 길로 들어서고 맙니다. 성공시킨 것도 그 사람이지만, 몰락의 길로 이끈 것도 그 자입니다. 하지만 정작 본인은 그 사실을 깨닫지 못할 때가 많습니다.

인격이나 사고방식은 변하게 마련입니다. 따라서 변질되지 않을 정도로 강하게 단련된 정신력과 상황, 환경, 조건이 바뀌어도 겸허함을 잃지 않는 변함없는 인격을 갖추지 못하면 참된 리더가 될 수 없습니다.

저는 경영을 하는 분들께 이런 말을 하곤 합니다. 인간은 성공을 거두고 위로 올라서면, 돈에 집착하거나 교만해지거나 명예욕에 사로잡히고 만다고. 대부분의 사람들은 겸허함을 잃고 점점 거만해집니다. 초창기엔 남을 깔보지 않고 인간적으로 매력 있는 사람이었을지라도 성공을 하면 이를 빌미로 으스대기 시작합니다.

중국 고전에 "겸손의 덕이 있어야 복을 받는다"라는 말이 있습니다. 겸허하지 않으면 행복이나 행운은 따르지 않습니다. 환경에 따라 인격이나 사고방식이 바뀐다면 정말이지 큰 문제가 아닐 수 없습니다.

어떠한 사고방식을 갖든 상관없지 않느냐고 반문할지도 모르겠습니다. 당연히 그 말도 맞습니다. 인간에게는 자신의 사고방식을 선택할 자유가 있으니까요. 하지만 그 결과를 짊어져야 하는 사람도 결국 당신입니다.

우리와 같은 경영자의 경우, 그 결과는 자기 한 사람만의 문제로 끝나지 않습니다. 기업이 도산하면 사회와 기업의 구성원들에게 누를 끼치게 됩니다. 자기 혼자만의 문제가 아닙니다. 즉, 리더의 위치에 있는 자라면 어떤 사고방식을 갖든 상관없는 게 아닙니다. 구성원들의 행복을 위해, 건전한 사회를 위해 의무적으로 올곧은 사고방식을 가져야 합니다. 한 나라를 이끌어가는 수상의 위치에 있는 자가 올곧은 사고방식과 인격을 갖추지 못하면 국민이 불행해지고 나라가 망합니다. 그런 사람을 리더의 자리에 올려놓으면 모두가 불행해집니다. 회사 경영도 마찬가지입니다. 조직을 운영하는 일 또한 그렇습니다. 부장이든 과장이든, 리더가 어떤 사고방식을 가졌느냐는 매우 중요합니다.

성공한 후 성장 가도를 달리는 중이라면 겸허함을 잃지 말고 분수껏 행동해야 합니다. '나만 이렇게 행복해도 될까'라는 마음으로 주변을 돌아보고 자신의 분수를 아는 게 필요합니다. 행복해진 자신과 달리 아직도 빈곤하고 불행한 사람이 많다는 것을 이해하고, 그런 사람들에게 도움의 손길을 내미는 이타심을 가져야 합니다. 번창할 때 이런 생각을 했다면 몰락할 일은 없을 것입니다. 몰락의 길을 걷는 사람들은 모두 자신의 사고방식을 향상시키지 못한 탓입니다.

이처럼 인생을 살아가면서 어떠한 사고방식을 갖추느냐는 매우 중요한 문제입니다.

제 5 장

●

사람을 키운다는 것

●

21
작은 선행은 오히려
큰 악이 될 수 있다

'애정'은 소선의 사랑이 아닌
대선의 사랑이어야 한다.
선하다고 생각한 게
실은 대악大惡인 경우도 많다.
소선이 아닌 대선을 꿰뚫어볼 수 있는
분별력이 필요하다.

1991년

애정을 가지고 서로 돕는 것이 인간적인 행동의 기본입니다. 하지만 이 애정이 맹목적인 사랑이 되어서는 안 됩니다. 불교에는 대선과 소선이라는 말이 있습니다. 예를 들어, 자신의 아이가 귀여워 무턱대고 사랑을 준다면 부족한 어른으로 성장해 비뚤어진 인생을 살아가게 될 수 있습니다. 반대로 엄하게 다스려 키운 아이가 멋진 인생을 사는 경우도 많습니다. 이 경우에, 불교에서는 전자를 소선이라 하고 후자를 대선이라 합니다.

IBM의 경영 기본 방침에 "직원을 소중히 여겨라"라는 말이 있습니다. 이것을 설명하기 위해서는 다음과 같은 이야기를 먼저 들려 드려야 할 것 같습니다.

어느 해 겨울, 엄청난 한파가 몰아닥쳐 호수가 얼어붙었습니다. 그 때문에 그곳에 살던 오리 떼는 먹이를 구하지 못해 굶게 되었습니다. 근처에 살던 마음씨 좋은 노인이 보다 못해 그 오리 떼에게 먹이를 내어 주었습니다. 그 덕분에 오리 떼는 굶주리지 않고 겨울을 날 수 있었습니다. 그런데 봄이 온 후에도 오리들은 호수로 돌아가려 하지 않았습니다. 오리들은 노인이 주는 먹이를 받아먹으며 그곳에 머물렀고, 노인은 그 오리 떼를 점점 더 아끼게 되었습니다. 그렇게 몇 년이 지난 후, 또다시 엄청난 한파가 몰아닥쳐 호수가 얼어붙었습니다. 그런데 하필 그

때 강추위로 인해 노인이 세상을 떠나고 말았습니다. 그렇게 되자 먹이를 잡는 방법을 모두 잊어버린 오리들은 아무도 먹이를 주지 않자 결국 전부 굶어 죽고 말았습니다.

즉, "직원을 소중히 생각하라"는 말은 무턱대고 소중히 여기라는 의미가 아닙니다. 호수가 얼어붙어 여위어가는 불쌍한 오리에게 무작정 기약 없이 먹이를 주는 것은 상대를 무턱대고 사랑하는 작은 선함, 즉 소선입니다. 불교에서 "소선은 대악과 닮았다"라고 합니다. 작은 선함, 무책임한 선함은 커다란 악과도 같은 것입니다.

저는 이러한 대선과 소선의 개념을 매우 중요하게 생각하고 있습니다. 선한 일이라고 생각한 것이 대악의 결과를 낳는 경우는 얼마든지 찾아볼 수 있습니다. 애정은 대선이어야 합니다. "대선은 비정非情과 닮았다"는 말처럼, 대선은 종종 애정과 거리가 먼 것처럼 보이기도 합니다. "사자는 일부러 자신의 새끼를 낭떠러지에서 떨어뜨린다"는 말이 있습니다. 낭떠러지를 기어 올라온 새끼만 키우는 것은 언뜻 비정해 보입니다. 하지만 사자의 입장에서 그것은 커다란 사랑입니다.

제가 말하는 '애정'이란 소선의 사랑이 아닌 대선의 사랑입니다. 일반적으로 좋은 것, 선하다고 생각하는 것이 실은 대악인 경우가 상당히 많습니다. 따라서 소선이 아닌 대선을 꿰뚫어볼 수 있는 분별력이 필요합니다.

여러분은 앞으로 여러 타입의 상사와 함께 일하게 될 것입니다. 여러분의 의견을 들어주며 수월하게 일할 수 있도록 배려해주는 마음 좋은 상사를 만날 수도 있습니다. 반대로 매우 엄격한 상사를 만날 수도 있습니다. 어느 쪽이 올바른 타입인지 딱잘라 말하긴 어렵습니다. 어쩌면 양쪽 다 맞습니다.

하지만 신념도 없이 그저 여러분의 뜻에 따라주는 상사라면 여러분에게 결코 좋은 상대는 아닙니다. 이러한 상사는 대하기에 편할지도 모르지만, 이러한 편안함이 여러분의 성장에 걸림돌이 될 것입니다. 멀리 내다보면 엄격한 상사와 함께 하는 시간이 자신을 단련시킬 좋은 기회로 작용합니다. 그리고 그것은 좋은 결과물로 이어집니다. 이처럼 인간관계에서의 애정을 단순하게 바라보지 말고, 분별력을 가지고 신중히 판단할 수 있어야 합니다.

22

인간관계의 기본은
애정으로 대하는 것

'멋지게 성장하길 바라는'
애정 어린 마음과 배려만 있다면
다소 서툴러도 부하 직원이
납득할 때까지 가르칠 수 있고,
이러한 리더의 마음은 반드시 전달되어
직원 역시 성장하게 된다.

2008년

인재를 기르는 데 있어서 가장 중요한 것은 부하 직원에 대한 애정입니다. 교육 이론을 배우고 이에 따라 가르친다 해도, 애정이 없으면 인재를 키울 수 없습니다. 반대로 '멋지게 성장하길 바라는' 애정 어린 마음과 배려하는 마음만 있다면 다소 서툴러도 부하 직원이 납득할 때까지 철저히 가르칠 수 있고, 이러한 마음은 반드시 전달되어 직원 역시 성장해 나갈 것입니다.

저는 교세라를 창업하고 직원들을 지도할 때, 일단 '인간으로서 어떻게 살아가야 하는지'에 대한 제 생각을 먼저 털어 놓았습니다. 회식 등을 할 때 기회를 엿보아 '일은 어떻게 해야 하는지, 인생은 어떻게 살아가야 하는지'에 대해 열심히 설명했습니다.

반면, 부하 직원에게 문제가 있다고 생각되면 일을 하던 중이든 다른 사람들 앞에서든 "자넨 이런 점이 잘못 됐어"라고 그 자리에서 꾸짖었습니다. 직원을 진심으로 '훌륭한 인재'로 키우고 싶었기 때문에 무책임한 태도나 잘못을 발견했을 때 가르치는 것을 미룰 수 없었습니다. 나중에 따로 조용히 불러서 타이를 수는 없었습니다.

요즘 비즈니스 책에는, 직원을 가르칠 때 마음에 상처를 주지 않도록 "다른 사람들 앞에서 심하게 꾸짖어서는 안 된다"고 적혀 있나 봅니다. 심지어 '꾸짖음' 자체가 금기시되는 모양입니다. 부하 직원을 꾸짖는 엄격한 상사는 부하들의 마음을 얻지 못해 조직 내에서 따돌림을 당하게 된다고 하는 것을 보면요.

그런 것이 두려워 타협하거나 망설이는 상사가 되어서는 안 됩니다. 부하 직원을 꾸짖지 않는 상사는 일시적으로는 '마음씨 좋은 상사'로 대우받을 수 있을지 몰라도, 장기적으로 봤을 때 그렇게 무책임한 상사는 직원들로부터 진정한 신뢰를 얻을 수 없습니다.

칭찬하며 가르쳐야 할 때도 있지만, 애정 어린 꾸짖음으로 가르쳐야 할 때도 있는 법입니다. 직원들 또한 정말로 싹이 보이는 사람이라면, 애정 어린 마음으로 엄하게 꾸짖는 상사를 언젠가는 믿고 따르게 될 것입니다.

23

엄하게 꾸짖고
따뜻하게 격려하라

부하 직원에게 애정이 있으면
아무리 호되게 꾸짖어도 마지막엔
"힘내"라며 따뜻하게 격려할 수 있다.
이러한 진심이 '나를 위한 것이다'는
생각을 불러일으키고
'이 사람이 하는 말이라면
억지로라도 들어 보자'고
힘을 내게 하는 원동력이 된다.

2008년

교세라의 고참 간부라면 누구나, 그 자리에서 도망치고 싶을 만큼 호되게 질책을 당한 경험이 있습니다. 꾸짖음을 당하는 동안에는 '왜 이렇게까지 불같이 화를 내지' 싶어 억울한 마음이 들었다고 합니다.

그런데 이치를 설명하고 그것을 납득했다는 게 느껴졌을 때 제가 어깨를 두드리며 "잘 알겠지. 그럼 힘내." 하고 웃어 보이면 오히려 꾸중을 들은 것에 대한 반발심이나 분노가 사라지고 '해낼 수 있다'는 기분마저 들었다고 합니다.

제가 마지막에 격려로 마무리 지을 수 있었던 것은, 직원들에 대한 애정이 있었기 때문입니다. 애정이 있었기 때문에 호되게 꾸짖은 뒤에도 마지막엔 "힘내"라며 따뜻하게 격려할 수 있었던 것입니다. 그리고 이러한 마음 때문에 부하 직원들도 '나를 위한 것이다.', '이 사람이 하는 말이라면 억지로라도 들어 보자'며 힘을 내게 되었던 것입니다.

하지만 저를 포함해서, 누군가를 가르치는 쪽이 반드시 처음부터 삶의 도리를 운운할 만큼 훌륭한 인격을 갖추고 있었던 것은 아닙니다. 저 역시도, 책을 통해 사람의 도리를 배우고 스스로의 인격을 높이기 위해 매일매일 노력했습니다.

그리고 이러한 노력은 직원을 지도할 때뿐 아니라, 제 자신에게도 피가 되고 살이 되었습니다. 리더가 먼저 배움을 쌓으면서 직원들에게 애정을 담아 도리를 가르치고, 문제점이 있을 때 주저 없이 알려주는 것은 배우는 사람이나 가르치는 사람 모두에게 인간적인 성장을 가져다줍니다.

리더는 부하 직원을 성장시키기 위해 깊은 애정을 가져야 합니다. 동시에 그들을 키우고자 하는 노력이 자기 자신 역시 한층 더 성장시킨다는 사실을 기억해야 합니다. 또한, 부하 직원은 상사로부터 호되게 꾸중을 들었어도, 그것이 자신을 단련시키기 위한 애정 어린 가르침이라면 순순히 받아들일 줄 알아야 합니다.

이러한 사람들로 똘똘 뭉친 조직이라면 구성원과 회사 모두 한층 더 성장해 나갈 수 있습니다.

24

간파하고, 등용하고,
성장시킨다

엄하게 가르치면서 등용해 간다.
자신감을 키워 준다.
교육은 '경험을 쌓도록 하는 것'이지만,
이를 위해서는 부하 직원의
장점부터 단점까지 전부 꿰뚫어 보고
그 사람의 단점을 보강시켜야 한다.

§ 1984년 §

──────── 스스로의 성장뿐 아니라 부하 직원을 육성하는 것에도 부디 전력을 다하십시오. 자신이 성장하는 것도 중요하지만, 아랫사람을 키우는 것도 중요합니다. 그것에 노력을 기울여야 합니다.

저희가 현재 추진 중에 있는 다이니덴덴第二電電(현 KDDI)처럼 모든 회사는 성장을 목표로 하게 마련입니다. 그럴수록 구성원이 맡은 업무는 확장될 수밖에 없습니다. 이때 가장 중요한 것이 사람입니다.

사업을 하다 보면 사람이 가장 중요하다는 것을 매번 깨닫게 됩니다. 사람을 어떻게, 어디에 배치하느냐가 매우 중요합니다. 저희 회사의 몇몇 부사장도 "이걸 하고 싶다", "저걸 하고 싶다"며 일을 추진하고, 이런 역할이 필요하다며 조직도를 만들고, 실상은 적임자가 아닌데도 "자네랑 자네, 이걸 해봐"라며 직원들을 무작정 배치합니다. 그런데 그렇게 만든 팀이 제 기능을 하지 못한다고 할까, 하는 일마다 제대로 되지 않고 실패만 반복되길래, 그 간부를 불러서 이렇게 말했습니다. "대체 무슨 생각을 하고 있는 건가. 그 일을 하려면 이런 역할을 하는 사람이 필요한데, 지금 그 사람이 해낼 수 있다고 생각하나. 자네는 사람을 전혀 파악하지 못하고 있어. 저 사람은 그 자리엔 역부족이야."

그리고 이렇게 덧붙였습니다.

"직원의 인간적인 면이나 업무 재능 모두를 파악해야 해. 누구라도 좋다며 아무나 그 자리에 앉혀 놓으니 일이 제대로 굴러갈 리 있나. 그 일은 이 정도의 능력과 신뢰감을 갖춘 사람이 맡아야 해. 모든 자리에는 그에 걸맞은 사람이 필요하다는 말이야."

역량에 맞게 자리를 배치해야 합니다. 물론 그 역할을 소화해낼 만한 적임자가 없을 때도 있습니다. 그럴 경우, 저는 '딱히 적임자가 없다'는 것까지 파악한 후 장점과 단점을 모두 알고 있는 누군가에게 "자네가 이 직책을 맡아주게"라고 말합니다. 그 사람의 부족한 부분을 알고 있으니 그만큼 제가 항상 주시하면서 지켜봅니다.

반면, 그 역할을 충분히 해낼 만한 적임자가 있다면 업무를 맡긴 후 일절 신경 쓰지 않습니다. 그 사람의 부족한 부분을 채워줄 수 있는 사람만 지원해줍니다. 즉, 능력부터 인간성까지 모두 파악해, 그 사람이 업무에 얼마나 적합한지 계산한 다음 배치합니다. 부족한 부분은 제가 보충하거나, 다른 사람이 백업할 수 있도록 따로 배치해서 보충합니다.

뿐만 아니라 그의 부족한 부분에 대해 성가시게 잔소리를 해대며 단련시킵니다. 언제까지고 제 역할을 하지 못하는 사람은 자신도 힘들고 회사의 입장에서도 매우 곤란하니, 그 사람이 자신의 결점을 충분히 자각해 스스로 고쳐나갈 수 있도록 가르칩니다.

사실 부하 직원을 평가한다는 것은 매우 잔인한 일입니다. 마음이 약한 사람은 절대 할 수 없습니다. 상대방의 장점부터 단점까지 모두 파악하고 단점을 보강해서 업무에 배치해야 하기 때문에 매정하고 냉혹한 부분이 있을 수밖에 없습니다. 하지만 그래도 철저히 파악해야 합니다.

예를 들어, 어떤 직원에게 태양전지 관련 설계를 맡겼는데 불량품이 나왔다고 해봅시다. 그 일을 맡은 사람은 회사의 초창기 멤버로 언제나 성실하게 일하고 있습니다. 그래서 적절한 평가 없이 설계 업무를 맡겼는데, 바로 그 안일함이 문제가 된 것입니다.

문제가 생겼다면 설계뿐 아니라 생산 파트에도 적합한 사람이 적절하게 배치되어 있는지 살펴봐야 합니다. 만약 그렇지 않다면 문제가 될 만한 부분을 해결해 줘야 하는데, 그 부분이 방치되면 문제는 계속 됩니다.

저희 회사가 이렇게 성장가도를 달릴 수 있었던 것도 그동안 열심히 인재를 키워 왔기 때문입니다. 사실 저는 누구보다도 가르치는 것에 소질이 있다고 생각합니다. 천편일률적인 교육에서 벗어나 진정으로 한 사람을 제대로 길러낼 수 있다는 생각마저 듭니다.

그런데 저와 달리 여러분들은 머리가 너무 좋은 나머지, 서투른 부하 직원을 보면 하나하나 찬찬히 가르치려 하지 않고 대충 둘러보면서 가르치는 시늉만 하고 있지 않나요.

원래대로라면 여러분이 있는 곳에서 더 많은 인재가 배출되어야 합니다. 여러분의 손을 거친 직원들이 우수한 기업을 꽉 채울 정도가 되어야 합니다.

부하 직원을 교육시키고 등용하는 것은 중요합니다. 엄하게 가르쳐서 등용시켜야 합니다. 이는 직원에게도 자신감을 불어넣어 줍니다. 그리고 경험을 쌓게 하는 것도 교육입니다만, 부하 직원을 철저히 파악하여 단점을 보강하고 적재적소에 배치하여 경험을 쌓게 하는 것이 훨씬 더 이롭습니다.

25

'사지死地'로 내몰라

사지로 내몬다.
그렇게 해서 배짱을 키운다.
침착하고 인간적이며
다정한 사람을 사지로 내몰아
두둑한 배짱을 키워주면
진정한 능력자로 거듭난다.

겁이 많고 소심하지만 센스가 있고 성실하며 인간성도 좋은 직원을 부추겨 현장을 몸소 체험시킵니다. 경험을 통해서 배짱을 키울 수 있도록 몰아세웁니다. 마치 보스가 조직원을 싸움에 내보내 경험을 키워주는 것처럼 말입니다.

원래 대담하고 거칠고 용기 있는 사람이 아닌, 침착하고 센스 있지만 소심한 직원을 이끌어 두둑한 배짱을 키울 수 있도록 하는 게 중요합니다.

비즈니스에서 사지란 실무 현장을 의미합니다. 일터에서 문제를 해결하고 경험을 쌓아야 하는데, 소심한 사람일수록 걸핏하면 도망쳐 나옵니다. 그런 직원에게 저는 이렇게 말합니다.

"앞으로 나갈 용기가 없어서 그런 거야."

예를 들어, 직원에게 매입 업무를 맡겼다고 해봅시다. 예전에 저는 한 상가의 주인으로부터 "파는 건 직원에게 맡겨도, 매입은 직접 해야 돼"라는 말을 들은 적이 있습니다. 저렴하게 팔면 누가 팔아도 잘 팔릴 테니 그런 일은 직원에게 맡겨도 되지만 매입은 직접적인 이익과 연결되어 있으니 주인이 직접 해야 된다는 뜻입니다. 즉 "비싸게 매입하면 이득이 남지 않는다. 주인이 나서서 누구보다 싸게 매입해야 남는 장사다"라는 의미입니다.

그만큼 중요한 일이라 매입은 주로 주인이 하게 되는데, 그런 사지에 직원을 내보냈다고 해봅시다. "자네가 한번 해 보게"라며 기회를 줬다고 해봅시다.

싸게 매입하려면 흥정을 잘해야 합니다. 하지만 상대방도 남는 게 있어야 하니, "아니, 아무리 그래도 이건 말이 안 되죠. 더 이상 싸게는 안 됩니다"라며 온갖 수단과 방법을 동원해 밀고 당기기를 시도합니다. 이때 소심한 직원은 자신의 체면도 있고 하니 대충 타협하고 맙니다. 현장에서 도망쳐버리는 것이지요.

이런 모습을 봤다면, 저는 이렇게 말합니다.

"어디 한번 도망쳐 봐. 내가 뒤에서 기관총으로 쏴줄 테니. 이런들 저런들 어차피 죽은 목숨이야. 차라리 맞부딪치면 내뺄 기회라도 있겠지만 뒷걸음질 치면 내가 쏴버리겠어."

예전에 저는 핏대를 세워가며 이런 말까지 했습니다. "당장 그만둬! 너 같은 녀석 필요 없어. 회사에 10년이나 있어봤자 아무 소용이 없어, 이 멍청이!"

그러면 뒷걸음질 칠 수 없으니 앞으로 나아갈 수밖에 없습니다. 겁쟁이에게는 틈을 줘서는 안 됩니다. 절대 용납하지 않고 사지로 내몹니다. 이런 일을 수없이 경험하게 합니다. 그렇게 하면 배짱을 키울 수 있습니다. 실천의 장, 실무의 장에서 경험과 배짱과 노하우를 쌓을 수 있습니다.

침착하고 인간적이며 다정한 성격을 가진 사람을 사지로 내몰아, 즉 경험을 쌓게 해서 배짱을 키우면 비로소 진정한 능력자로 거듭납니다.

26
일단 맡겨 본다

진정한 리더는 교육을 통해
만들어지는 게 아니라
'발굴'을 통해 발견되는 것인지도 모른다.
아직 미숙해 보이는 사람이라도 좋으니
일단 매니저나 리더의 임무를 맡겨 본다.
교대로 시켜 본다.
패자도 충분히 부활할 수 있다.
그렇게 했을 때 여태껏 알지 못했던
잠재적인 재능을
꽃피우는 사람이 나온다.

⟨ 1993년 ⟩

이나모리 가즈오, 부러지지 않는 마음

고수익을 올리는 탄탄한 기업으로 만들려면 뭐니 뭐니 해도 역시 '훌륭한 리더 육성'이 필요합니다.

이전과 똑같은 인원과 설비로 제품을 만드는데 리더가 달라졌다고 그 부문의 실적이 몰라보게 성장한 경험을 다들 해보셨을 것입니다. 리더가 바뀌기만 해도, 이렇게까지 달라질 수 있을까 싶을 정도로 커다란 변화를 가져온 사례는 얼마든지 찾아볼 수 있습니다.

그러니 저성장, 제로 성장 시대를 맞이하고 있는 현 일본의 경제 상황에서는, 교세라뿐 아니라 모든 기업이 훌륭하고 참된 리더를 발굴해내는 게 그 무엇보다 중요해졌습니다.

지금까지는 누가 경영을 해도, 예를 들어 그리 대단치 않은 사람이 연공서열에 따라 사장이 되어도 괜찮게 경영하는 게 가능했습니다. 나라의 경제가 크게 성장하고 있는 상황에서는 안일하게 경영해도 실적이 나옵니다. 하지만 이제는 참된 경영자가 반드시 필요한 시대로 들어서고 있습니다.

특히 올해는 경영자, 즉 리더 교체라는 사안이 매우 중요해질 것으로 보입니다.

그렇다면 훌륭한 리더는 어떤 리더일까요. 그것을 한마디로 정의 내리긴 무척 어려울 것입니다.

성실하게 열심히 일하며, 자주성이 있고 이기적이지 않고 책임감이 강한 사람. 연구를 게을리 하지 않으면서도 공명정대한 사람. 현재 하고 있는 일이나 그 일의 장래성에 대해 확신을 가진 사람. "이렇게 하면 이렇게 되고, 저렇게 하면 저렇게 된다"고 일의 흐름을 내다보면서 "그러니 언제쯤 이 사업은 이런 상태가 된다"고 명확하게 구상하고 설계하는 사람. 긍정적이고 운이 좋은 사람.

방금 말한 것과 같은 조건을 조금씩이라도 모두 갖추고 있는 사람이 훌륭한 리더가 아닐까요.

그럼, 이러한 리더는 교육을 통해 만들어낼 수 있을까요. 제가 보기에 그것은 매우 어려운 일인 것 같습니다.

저는 '교세라 필로소피'를 중심으로 한 직원 교육, 간부들과의 대화를 매우 중요시 했습니다. 일일이 지적하며 잔소리를 했습니다. "자네는 이 부분이 부족해. 이걸 고치고 저것도 고쳐.", "이렇게 해야만 해.", 혹은 "저렇게 해야만 해"와 같은 말들을 해 왔습니다. 근 30여 년 동안 교육을 통해 참된 리더를 만들기 위해 전심으로 노력해 온 것입니다. 그랬던 제가 이 시점에서 과연 교육만으로 훌륭한 리더를 만들 수 있을까 하는 의구심을 가지게 된 것입니다.

교육이 필요 없다는 말인가 하면 그렇지는 않습니다. 그만큼 열심히 교육시키고 잔소리를 한 덕분이랄까, 딱히 그게 이유가 아닐 수도 있겠지만, 여하튼 그동안 훌륭한 리더들을 많이 배출해냈습니다. 그러니 교육이 효과가 없다는 말은 아닙니다. 하지만 그 시간을 거치면서, 참된 리더나 경영자는 '만드는 것'이 아니라 '발굴해내는 것'이 아닐까 하는 깨달음 역시 가지게 되었습니다.

지금처럼 한 치 앞도 내다보기 어려운 경제 상황 속에서는, 거대한 교세라 그룹을 뛰어난 지도력으로 이끌고 나갈 수 있는 사람을 회사 내에서 발굴해 내야만 합니다.

그러려면 아직 미숙해 보이는 사람이라도 좋으니 일단 그에게 매니저나 리더의 임무를 맡겨 볼 필요가 있다고 생각했습니다. 그렇게 하면 여태껏 알지 못했던 재능을 꽃피울 참된 인재를 찾아낼 수 있지 않을까 싶었습니다.

그 어느 때보다 훌륭한 경영자가 필요한 시기인 만큼, 그러한 경영자를 발굴한다는 의미에서라도 올해가 지나면 매너리즘에 빠진 곳의 매니저와 리더 자리를 직원들에게 교대로 맡겨볼 생각입니다. 그리고 교체된 사람을 무조건 좌천시키지 않고, 다시 부활할 수 있도록 기회를 줄 것입니다. 뼈아픈 반성의 시간을 거친 후에는 다시 성장해서 활약하는 사람도 나올 수 있으니까요. 그런 방침으로 리더 발굴을 전개해 나갈 생각입니다.

제 6 장

조직을 살리는 법

27
비전과 미션을 확립하라

기업을 발전시켜 나가는 데 있어
가장 큰 원동력은 무엇일까.
바로 '회사를 이렇게 만들고 싶다'는
비전이다. 그럼, 이러한 비전을 실현시켜
나가기 위해 반드시 필요한 것은 무엇일까.
그것은 바로 미션(사명)이다.
리더는 비전을 내걸 때,
그것을 전제로 한 기업 경영의
참된 목적인 미션을 확립해야 한다.

⊰ 2007년 ⊱

1959년, 스물일곱 살이었던 저를 도와주신 분들 덕분에 교토시 주오구 니시노쿄하라마치西ノ京原町에서 교세라를 설립하게 되었습니다. 첫 자본금은 불과 300만 엔, 사원의 수도 28명으로, 경제 상황이나 시장이 조금만 달라져도 바로 무너질 수밖에 없는 영세기업이었습니다.

저는 이러한 영세 사업장을 크게 키우고 싶었지만, 경영을 해본 적도 없었던 터라 어떻게 해야 할지 전혀 감을 잡지 못했습니다. 그럼에도 불구하고, 충분한 설비도 자금도 없이 언제 무너질지 모를 위태로운 상황 속에서도 저는 기회가 있을 때마다 제 꿈을 사원들에게 말했습니다.

"지금은 영세기업이지만, 앞으로는 교토 최고의 기업이 될 것이다. 교토에서 최고가 되면 그 다음에는 일본 최고의 기업이 될 것이고, 일본에서 최고가 되면 또다시 세계 최고가 될 것이다."

그야말로 뜬구름 잡는 듯한 이야기였지만, 기회가 있을 때마다 그렇게 끊임없이 되뇌었습니다.

당시 교토에는 교세라가 뛰어넘을 수 없을 것처럼 보이던 대기업이 수도 없이 많았습니다. 그래도 저는 사원들에게 제 꿈을 끊임없이 피력했던 것입니다.

그 결과, 처음엔 반신반의하던 사원들도 어느새 저의 꿈을 믿게 되었고, 이를 실현하기 위해 모두 함께 피땀 어린 노력을 해 주었습니다. 현재 교세라는 파인 세라믹 분야를 비롯한 수많은 사업을 전개하며 매출 1조 2,800억 엔이 넘는 기업으로 성장했습니다.

조직의 구성원들이 '이렇게 되고 싶다'는 공통된 꿈과 소망을 가지고 있는지 아닌지에 따라 그 기업의 운명은 크게 달라집니다. 훌륭한 비전을 공유하고 '이렇게 되고 싶다'고 갈망하면 강한 의지력이 생겨나 어떠한 장애물도 뛰어넘으려는 힘이 솟아납니다. 이러한 꿈과 소망이야말로 '비전'인 것입니다. '회사를 이렇게 만들고 싶다'는 비전을 세우고, 그것을 사원과 함께 공유하는 것이 기업을 발전시키는 데 있어 가장 큰 원동력이 됩니다.

그 다음으로 반드시 필요한 것은 '미션', 즉 사명입니다. 리더는 비전을 내걸 때 그것을 전제로 한 미션도 확립해야 합니다.

교세라를 왜 세계 최고의 기업으로 만들고 싶은가. 그 목적은 무엇인가. 교세라의 경우, 이 회사에 인생을 걸어 준 사람들의 경제적 여유와 정서적인 행복을 추구하는 게 '세계 최고 기업'이라는 비전을 만든 목적이었습니다.

하지만 처음부터 이러한 미션을 가지고 있었던 것은 아닙니다.

창업 후 3년째 되는 봄에, 입사한 지 1년이 되어 겨우 업무를 익힌 직원들이 혈판장을 가지고 와서, "장래가 불안하니, 승진이든 상여금이든 장래를 보장해 달라"고 으름장을 놓았습니다.

제가 아무리 회사의 상황을 설명해도 결코 그 요구를 거두려 하지 않았습니다. 결국 회사 내에서는 담판을 짓지 못해, 당시 제가 살고 있던 시영주택으로 데려가 3일 밤낮으로 대화를 이어나갔습니다.

저는 진심을 다해 설득했습니다.

"언젠가 자네들이 요구한 것 이상을 들어줄 수 있도록 내가 목숨 걸고 열심히 일하겠네. 그러니 나를 믿고 함께 할 용기를 내주지 않겠나."

그러면서 "만약 내가 자네들을 배신한다면, 그땐 나를 없애도 상관없네"라고 했습니다. 그렇게까지 하니 겨우 진심이 통했는지, 조금도 물러서지 않던 그들도 눈물을 글썽이며 뒤로 물러서 주었습니다.

이렇게 겨우 사원들의 반발을 누르고 한숨 돌렸지만, 실은 그날 밤 잠을 이룰 수 없었습니다. 회사의 존재 이유, 목적에 대해 다시금 생각해 보지 않을 수 없었습니다.

종전 후 가고시마에 있는 제 본가는 생활고에 시달렸습니다. 그래서 저는 취직한 후부터 매달 얼마 되지 않는 돈을 시골에 계신 부모님과 형제에게 보내주고 있었습니다. 그런데 회사를 세운 후부터는 다른 사람들의 생활마저 책임지게 된 것입니다. 부모형제조차 충분히 도와줄 수 없는 상황에서 그때까지 연이 없던 사람들까지 함께 짊어지게 된 것입니다. 그러자 기업 경영이란 게 얼마나 빛 좋은 개살구였나 하는 생각이 들었습니다.

원래 교세라라는 회사는 '이나모리 가즈오의 기술을 세상으로부터 평가받기 위해' 만든 회사였습니다. 그 전에 일했던 회사에서는 제가 가진 파인 세라믹 기술을 충분히 인정해 주지 않았기에, 이 새로운 회사에서 누구의 눈치도 보지 않고 내가 가진 기술력을 세상에서 평가받을 수 있게 돼 기뻤습니다.

그런데 이 사건을 겪은 후, 제 가족의 행복이나 개인적인 엔지니어로서의 꿈보다 생판 남인 사원들의 행복을 최우선시해야 하는 상황에 놓이게 된 것입니다. 경영을 한다는 것은, 이다지도 어이없는 일인가 싶어 진지한 고민에 빠졌습니다.

하지만 하룻밤 곰곰이 고심한 끝에 결국 경영자의 사적인 바람보다 사원이나 그들의 가족을 행복하게 만드는 게 기업 경영의 참된 목적과 비전이며, 가장 중요한 일이라는 것을 마음속 깊이 깨닫게 되었습니다.

그래서 저는 '이나모리 가즈오의 기술을 세상으로부터 평가받는다'는 본래의 목적을 버리고, 교세라의 경영 미션을 "전 사원의 행복을 물심양면으로 추구한다"로 바꾸었습니다. 그리고 그것만으로는 사회적 공기公器로서의 책임을 다할 수 없을 것 같아, "인류와 사회의 진보, 발전에도 공헌한다"는 미션을 추가했습니다.

이렇게 해서 교세라의 미션은 "전 사원의 행복을 물심양면으로 추구함과 더불어, 인류와 사회의 진보와 발전에 공헌한다"로 정해지게 된 것입니다. 저는 이를 교세라의 경영 이념으로 내걸고, 사원들에게 확실하게 전달하고 공유하기 위해 노력해 왔습니다.

그리고 놀랍게도 경영의 미션을 이렇게 바꾸자 그때까지 저를 괴롭혔던 모든 번민이 감쪽같이 사라졌습니다. 스스로 내건 이 거창한 미션을 위해 어떠한 고난도 마다하지 않고 노력하겠다는 다짐을 거듭하게 되었습니다.

28

직원이 자신에게
반하게 하라

자신과 생사고락을 함께 할
마음이 통하는 직원을
만들어 가는 게 경영의 첫걸음이다.
그것을 위해서는
스스로 마음의 문을 열고
먼저 사랑해야 한다.

중소기업이든 대기업이든 기업 경영에서 가장 중요한 것은, 경영자의 뜻에 따라 직원들이 하나로 똘똘 뭉칠 수 있도록 끈끈한 관계를 만드는 것입니다. 이는 경영을 할 때 가장 먼저 신경 써야 할 부분입니다.

"전 사원의 행복을 물심양면으로 추구함과 더불어, 인류와 사회의 진보와 발전에 공헌한다"는 교세라의 경영 이념은 회사가 세워진 지 3년째 되는 해에 신입사원들 십여 명의 반발을 계기로 세워졌습니다. 보너스는 이렇게, 승진은 저렇게 해 달라고 조르는 그들을 삼 일 밤낮으로 설득한 후에 생각해낸 회사의 목적과 경영 이념이 바로 "전 사원의 행복을 물심양면으로 추구한다"는 것이었습니다.

"이 회사는 사원을 위해 존재한다, 주주가 아닌 사원들을 위해 존재한다, 그것을 위해 나는 필사적으로 노력할 것이다. 그러니 모두 나를 믿고 따라와 달라."

하지만 함께 하지 못하겠다는 사람들까지 챙길 수는 없었습니다. 한때 잔업 수당을 제대로 챙겨주지 못해도 일이 남으면 밤늦게까지 일해야 했던 시절이 있었습니다. 그러다 보니 어느새 하나둘 볼멘소리가 흘러나오기 시작했습니다. 저를 포함한 모두가 열심히 일하고 있었지만 불평은 줄어들지 않았습니다. 그래서 저는 "그럼 원하는 회사로 가. 회사가 세워진 지 얼마 되지 않아서 경영의 기반도 다지지 못했어. 지금은 모두 힘을 합쳐 다 같이 기반을 다져야 하는데 불평만 늘어놓다니. 그런 사람은 필요 없으니 그만둬도 돼"라고 확실히 못 박고, 그런 자들은 그만두도록 했습니다. 그리고 "저도 함께 분발하겠습니다"라고 말해 준 사람들, 제 뜻에 동조해 준 사람들만 데리고 함께해 나갔습니다.

중소기업일수록 사원들이 사장의 뜻에 따라 "당신과 함께라면 어떤 고생도 마다하지 않겠다"고 말할 수 있어야 합니다. 그것을 위해서 저는 가능하면 회식 자리를 많이 마련하라고 말하고 싶습니다.

예전에 저는 회식 자리에서 군가를 자주 불렀습니다. '애마진군가愛馬進軍歌'에는 "눈물을 흘리며 여물을 먹여 주었지"라는 가사가 있는데, 자신도 아직 허기를 채우지 못했지만 생사고락을 함께해 준 말에게 먼저 여물을 먹여주는 모습을 표현한 말입니다. 그것입니다. 그런 모습이 있기 때문에 모두 묵묵히 잘 따라주는 것입니다.

처음이라면 아무것도 필요 없습니다. 일단 직원들이 '이 사람이라면 어떤 고생도 마다하지 않고 따르겠다'고 생각할 수 있도록 해야 합니다. 사장이 다소 억지를 부리더라도 "괜찮습니다. 그렇게 하겠습니다"라고 말해줄 수 있을 만큼 끈끈한 관계를 구축해야 합니다. 한 사람이라도 그것에 반한다면, 미꾸라지 한 마리가 온 웅덩이를 흐려 놓듯이 분위기가 엉클어집니다. 그러니 처음부터 그런 사람은 골라내야 합니다.

말을 잘 따르는 사람들만 모아 놓는다고 손가락질 당할지도 모르지만 어쩔 도리가 없습니다. 저는 사장이긴 했지만 학식이고 뭐고 내세울 게 없었습니다. "힘을 보태 달라"는 말밖에 할 수 없었습니다. 돈도 없고 기술도 없는 우리가 살아남으려면 다 함께 힘을 합쳐 나가는 수밖에 없었습니다. 그래서 불협화음을 일으키는 사람과는 함께 갈 수 없었습니다. 전 그렇게 해 왔습니다.

자신과 생사고락을 함께 할 마음이 통하는 부하 직원을 만들어 가는 것이 경영의 첫걸음입니다. 그러려면 자신부터 마음의 문을 열고 먼저 사랑해야 합니다. 그렇게 직원들을 사랑하는 경영자라면 아르바이트 직원들마저 그의 뜻에 따라 줍니다. 그런 회사여야만 살아남을 수 있습니다.

29

일의 의미와 중요성을
설명하라

사원을 자신의 파트너로
만들어 나가려면
'사업의 목적과 의의를 명확하게'
해야 한다. '공명정대하고
대의명분이 있는 가치 높은
목적을 세우는 것'이 중요하다.

2004년

혼자 아무리 노력한들 한계가 있기 때문에 자신과 한마음으로 버팀목이 되어 함께 일해 줄 사람이 필요합니다. 그리고 그런 사람들을 파트너로 삼아 "난 당신들을 의지하고 있습니다"라고 표현하는 게 중요합니다. "의지하고 있다"고 말해야 합니다. 그렇게 나약한 모습을 보이면 무시당하지 않을까, 업신여기지 않을까 걱정될 수 있지만 전혀 그렇지 않습니다. '무슨 일이 생겨도 난 당신들을 의지하고 있다'는 마음이 전해져야 합니다.

"의지하고 있습니다. 그러니 도와 주십시오. 형제자매, 부모 자식과도 같은 마음으로 함께 일해 주십시오. 그냥 월급을 받기 위해서가 아니라, 그런 마음으로 함께 합시다"고 말할 수 있어야 합니다. 그런 말이 사원들에게 동기를 부여합니다.

속된 말로 표현하자면, '꼬드기는 것'입니다. 표현이 좀 이상할 수도 있지만, 사원들을 꼬드겨 그런 마음이 들도록 해야 합니다. '저도 돕겠습니다'라는 기분이 들도록 해야 합니다. 이것이 최고의 동기 부여 방법입니다.

사원들의 마음을 사로잡아 파트너로 만들기 위해서는 '이나모리 경영 12조'의 맨 처음에 나오는 문장처럼 사업의 목적과 의의를 명확히 해야 합니다. '공명정대하고 대의명분이 있는 가치 높은 목적을 세우는 것'이 중요합니다.

교세라는 그동안 고도의 기술을 앞세워 그 누구도 하지 못한 일을 해왔지만, 실제 현장은 조금 다릅니다. 세라믹 제품에 사용하는 분말 상태의 금속산화물을 보다 미세한 미립자로 만들어 성형한 후 1,700~1,800도의 고온에서 구워내야 합니다. 이 정도의 고온에서는 불꽃의 색도 붉은색이 아니라 새하얗습니다. 작업용 고글을 쓰지 않으면 화로 안도 보이지 않습니다. 즉, 이 고도화된 세라믹 산업의 현장은 이른바 3D 업종에 가깝습니다. 분말을 반죽하거나 굳혀야 하기 때문에 옷도, 주변도 지저분해집니다. 그렇기 때문에 사원들은 자신의 업무를 고도의 기술력을 요하는 일이라 여기지 않기가 쉽습니다.

현재 교세라의 대표이사 회장직을 맡고 있는 이토 겐스케伊藤謙介 씨도 마찬가지였습니다. 저는 학교를 갓 졸업한 그를 전에 다녔던 회사의 연구실에서 처음 만났습니다. 그때 저는 연구실 직원들에게 동기를 심어주어야 하는 입장이었습니다.

어느 날 밤, 저는 그들을 모아놓고 이렇게 말했습니다.

"도쿄대학 교수도 교토대학 교수도 다 같은 무기화학 교수이지만, 이 분야에는 누구도 손을 대려 하지 않습니다. 현재 우리는 그런 연구를 하고 있습니다. 유명한 대학의 교수들도 섣불리 손대지 못하는 일을 하고 있습니다. 얼마나 멋진가요. 가루를 반죽하거나 형태를 만드는 등의 일을 매일 단조롭게 반복하고 있다고 생각할지도 모르겠습니다. 하지만 단순해 보이는 이 일은 산화물 소결燒結이라는 연구입니다. 전 세계적으로도 한두 개 정도의 대기업에서만 연구할 수 있는 최첨단 분야입니다. 이 연구가 완성되면 앞으로 어떻게 사용될지 생각해봤습니까? 이 것은 사회적으로도 매우 뜻깊은 일입니다. 이 연구의 성공 여부 가 바로 여러분에게 달려 있습니다. 그러니 앞으로도 잘 부탁드립니다."

단순히 "막자사발로 이 가루를 갈아 주십시오"라고 말하면 전 혀 흥이 오르지 않습니다. 그러니 이 일에는 이런 목적과 의미 가 있다고 꼭 알려줘야 합니다.

1955년은 전쟁이 끝난 지 10년 밖에 되지 않았을 시기여서 극심한 불황으로 나라는 빈곤했고 취직도 어려웠습니다. 그래 서 학교를 졸업하고 겨우 회사에 들어가 월급쟁이로 살아가는 사람들이 대부분이었습니다. 하지만 그런 분위기 속에서도 자 신이 하는 일에서 의의를 찾게 되면 기분이 고양되는 건 당연합 니다. 그런 말은 사람들을 힘이 나게 합니다. 동기 부여를 일으 킵니다.

30

일에 대해
긍지를 갖게 하라

사원들에게 '그 어떤 일보다
훌륭한 일을 하고 있다'는
자부심을 심어주어야 한다.
자신이 하는 일에 대해,
자신이 몸담은 회사에 대해
자부심을 가질 수 있어야 한다.

2005년

교세라는 지금으로부터 30년 전에, 태양전지 개발 연구를 시작했습니다. 막대한 자금을 붓고 적자를 힘겹게 견뎠습니다. 제1차 오일쇼크가 발생했을 때 시작된 그 프로젝트는 30년이라는 세월이 지난 후, 마침내 현재의 태양전지 사업으로 완성됐습니다.

이것을 취재하러 온 NHK의 프로그램 '프로젝트 X'의 PD가 이런 질문을 하더군요.

"왜 그렇게까지 버티셨나요."

저는 이렇게 대답했습니다.

"인류가 의지해온 석유를 비롯한 자원은 반드시 고갈됩니다. 하지만 지구로 쏟아져 내리는 태양 에너지를 직접 전기로 바꿀 수 있다면, 그게 가능한 태양전지를 만들어낸다면 그것이 인류의 미래를 구원할 새로운 에너지가 될 것입니다. 저는 그런 생각으로 어떻게든 이것을 저희 손으로 완성시키고 싶었습니다. 당시 교세라는 무명의 중견기업에 지나지 않았습니다. 그런 교세라가 에너지 산업의 일각에 조금이라도 보탬이 된다면, 교세라의 향후 성장에도 커다란 도움이 되지 않을까 하는 경영자로서의 소심한 야망도 있었습니다. 그렇기 때문에 끝까지 포기할 수 없었습니다."

인류를 구하게 될 것이라는 대의명분이 있었던 것입니다. 그래서 태양전지 개발에 나선 직원들에게도 "이 연구는 세상과 인류를 위한 일이니 어떻게든 분발해 보자"고 설득했습니다.

당시에 태양전지 개발을 위한 합자회사를 만들었는데, 그곳에 샤프나 마쓰시타전기산업(현 파나소닉)의 기술자들이 파견 나와 있었습니다. 그들은 정해진 프로젝트를 마친 뒤 원래의 회사로 돌아가야 했지만, 태양전지에 대한 제 열정에 반해서인지, 제가 시도 때도 없이 대의명분을 외치고 다녔기 때문인지 모두 원래 근무했던 회사를 그만두고 변변찮은 교세라에 남아 주었습니다. 그리고 정년을 맞이할 때까지 교세라에서 애써 주었습니다.

모두들 일류대학을 나온 전문 기술자들이었습니다. 저는 그런 사람들을 설득해 불타오르는 열정으로 연구에 임할 수 있도록 이끌었습니다. 그렇게 할 수 있었던 것은 제게 대의명분이 있었기 때문입니다. "이 연구는 인류와 세상을 위한 일이다. 미래의 에너지 문제를 해결하려면 반드시 필요한 일이다. 우리가 목숨을 걸고 연구할 만한 가치가 있다"고 끊임없이 호소했기 때문입니다. 그래서 모두들 같은 마음이 싹트게 된 것입니다. '이나모리 씨가 저렇게까지 열망하는 일에 함께 참여하고 싶다'고 생각하게 된 것입니다.

훌륭한 일을 하고 있다고 여기도록 직원들의 의식을 바꿔주어야 합니다. 적자만 나는 연구를 계속 반복하다 보면, 뛰어난 기술을 가진 전문가들이라도 진저리를 칠 수밖에 없습니다. 30년이라는 세월에 나가떨어지지 않도록, 자부심을 잃지 않도록 끊임없이 열정을 불어넣어 주어야 합니다. 그렇게 하지 못했다면 아마 태양전지 연구는 계속될 수 없었을 것입니다.

사원들에게 '그 어떤 일보다 훌륭한 일을 하고 있다'는 자부심을 심어주어야 합니다. 자신이 하는 일에 대해, 자신이 몸담은 회사에 대해 자부심을 가지게끔 해야 합니다. 경영자가 가장 먼저 해야 할 일은, 자부심을 갖게 하는 것입니다.

31

에너지를 불어 넣으라

리더의 의지를 강력한 에너지를 통해
직원들에게 불어넣는다.
'반드시 해내자', '해낼 수 있다'라는
기분이 들 때까지 끝까지 매달려야 한다.
어려운 일일수록 그 가능성을
믿지 않으면 절대 해낼 수 없다.

〜 2008년 〜

—————————— 어려운 일에 도전하도록 만들기 위해서는 먼저 그러한 마음이 들도록 하는 것이 매우 중요합니다. '어떻게 하느냐에 따라 간단히 해낼 수 있을지 모른다, 이런저런 방법을 조합해 이렇게 하면 해낼 수 있다'는 생각이 들게끔 해야 합니다.

예전에 저는 실제로 부하 직원들에게 이렇게 말한 적이 있습니다.

"고객이 새로운 제품을 생산해야 하는데 뜻대로 되지 않아 몹시 난처한 상황이라며, 필요한 부분을 꼭 만들어 달라고 요청해 왔다. 경쟁 기업마저 난색을 표할 정도로 어려운 일임에 분명하지만 우리가 가지고 있는 기술에 새로운 것들을 조합하면 가능성은 열려 있다. 주문을 받고 도쿄에서 돌아오는 기차 안에서 생각해 봤는데, 여태껏 우리가 해온 이런 것과 저런 것을 조합해 새로운 제조 방법을 고안해 낸다면, 생각보다 훨씬 더 간단히 해낼 수 있을 것 같다."

그런 다음, 직원들에게서 "그러고 보니 가능할 것 같습니다.", "알겠습니다. 할 수 있을 것 같습니다"와 같은 긍정적인 반응이 나올 때까지 필사적으로 매달렸습니다. 그들이 "맞아. 어떻게 하느냐에 따라 충분히 해낼 수 있어. 확실히 사장님 말씀이 맞다"라고 말해줄 때까지, 그런 표정이 나올 때까지 한 시간이고 두 시간이고 설득했습니다. '이렇게 하면 할 수 있다. 어떻게든 해내고 싶다'는 의지를 에너지로 바꾸어 직원들에게 불어넣었습니다.

리더라면 자신의 의지를 강력한 에너지로 바꾸어 직원들에게 불어넣을 수 있어야 합니다. 직원들이 리더의 말을 납득하고 '그 말이 맞다', '이건 해낼 수 있다'는 마음이 들도록 만들 수 있어야 합니다.

이는 진지하게 '이 마음과 가능성'을 알아달라고 호소할 때만 가능한 일입니다. 대충 설명하고 끝내는 대신, 직원들이 상기된 얼굴로 "반드시 해내자", "해낼 수 있어"라고 말할 때까지 멈추지 않아야 합니다. 모든 일은 가능성을 믿지 않으면 절대 해낼 수 없습니다.

32
솔선수범하라

리더가 아무리 호되게 꾸짖어도
부하 직원은 꿈쩍하지 않는다.
마음이 바뀌어 스스로 의욕을
불러일으키지 않으면 별 의미가 없다.
즉, 공통된 경영 지침을 통해
직원들이 스스로 타오를 수 있도록
만들어야 한다. 이와 동시에,
직원들이 리더의 뒷모습을 보고
배울 수 있도록 해야 한다.

⊰ 1984년 ⊱

─────── 이곳에 모인, 영업 소장 여러분이 부하 직원들을 설득해 자신의 의지를 관철시켜 나가려면 그에 걸맞은 행동을 하는 게 가장 효과적입니다. 말만 하는 게 아니라, 실제로 여러분이 얼마나 실천하고 있는가가 핵심 포인트입니다.

여러분은 가장 먼저, 그 누구보다도 일찍 출근해야 한다고 생각합니다. 그렇지 않으면 부하 직원들을 이끌 수 없습니다. 세치 혓바닥으로 사람을 움직일 순 없습니다. 먼저 선두에 나서서 행동으로 이끌어 가야 합니다. 입으로만 아무리 외친들 '자기는 아무것도 하지 않으면서 우리만 들들 볶다니, 이게 말이 되냐'고 생각할 뿐입니다. 리더가 먼저 시작해야 합니다.

여러분의 행동 그 자체가 결정타가 됩니다. 적어도 부하 직원들이 "소장님이 변했다. 우리도 분발하자"라고 말할 정도는 해야 합니다. 평소 행동을 통해 절실히 전달되는 바가 없다면, 직원들은 결코 바뀌지 않을 것입니다. 그것이 통솔하는 자가 마땅히 해야 할 역할입니다. 즉, 부하 직원들이 자신의 뒷모습을 보고 열의를 불태울 수 있도록 해야 합니다.

리더로서 부끄럼 없는 사람이 되도록 노력해주시길 바랍니다. 리더가 아무리 호되게 꾸짖는다 해도 부하 직원은 꿈쩍도 하지 않습니다. 마음이 바뀌어 스스로 의욕을 불러일으키지 않으면 아무런 의미가 없습니다.

따라서 공통된 경영 지침을 통해 직원들 스스로가 타오를 수 있도록 해야 합니다.

"이 일의 가장 큰 목적은 지금 이 일을 하고 있는 당신의 생활을 안정되게 지켜주는 것입니다. 이 일에 관련된 모든 이를 행복하게 만드는 것입니다. 여러분의 생활과 가정을 지키려면 이 영업소가 성장해야 합니다. 실적을 올려야 합니다. 영업소가 제대로 굴러가지 않으면 회사 역시 성장할 수 없습니다. 여러분이 미워서 화를 내는 게 아닙니다. 이 부분을 곰곰이 생각해 주시길 바랍니다. 우리 다 함께 자신의 생활을 스스로 지켜 나갑시다"라고 호소해야 합니다. 그렇게 해서 직원들이 모두 자신의 마음속 깊은 곳에서 불꽃을 태울 수 있도록 분위기를 만들어 가야 합니다.

그리고 이와 동시에, 리더의 뒷모습을 보고 배울 수 있도록 해야 합니다. 뒷모습이란, 리더의 행동을 뜻합니다. 평소의 행동 그 자체가 존경과 신뢰의 표본이 되어야 합니다. 출근시간과 일상적인 근무 태도부터 영업활동에 이르기까지 여러분이 솔선수범하여 모범이 되어야 합니다.

가장 좋은 방법은 회사에 대한 고민을 멈추지 않는 것입니다. 눈을 뜬 순간부터 일과 회사에 대해 생각해 주십시오. 잠들

때까지 생각을 이어나가면 반드시 기발한 아이디어가 떠오릅니다.

예를 들어, 영업 수치를 정리해놓은 파일을 만들어 가지고 다니다 보면 '이 고객은 그동안 이런 일들을 맡겨왔는데, 앞으로는 이런 것을 제안해보면 어떨까. 이런 시도를 하면 어떨까'와 같은 생각이 수없이 떠오를 것입니다. 그렇게 계속 생각하다 보면, 결국 기발한 아이디어가 떠오르고 행동으로도 나타나 반드시 좋은 실적으로 이어질 수 있습니다.

33

사심私心 없이 판단하라

자기 생각만 하는 사람은
아무도 따르지 않는다.
사장의 자리에 있는 사람은
회사를 대신해
회사의 입장에 서서 말해야 한다.
이른바, 회사를 대변해야 한다.
이는 사장에게만 해당되는 것은 아니다.
작은 조직의 리더라도 마찬가지다.
조직을 위해 자신의 손해를 감수해야 한다.
이것이 리더의 필수 조건이다.

§ 1981년 §

예전부터 계속 해온 말이지만, 사장의 자리에 있는 한 저는 이나모리 가즈오라는 한 명의 개인임과 동시에 회사의 대변인이기도 합니다. 회사는 말이 없습니다. 자금이 부족하다고 알려주는 것도 경리 부서를 통한 말일 뿐, 회사 자체는 말이 없습니다. 더 많이 벌고 싶다, 더 안전하게 경영하고 싶다는 말도 하지 않습니다. 때문에 개인인 제가 회사를 대신해 사장인 저에게 말해야 합니다. 회사는 인간이 아니므로, 제가 회사를 대신하여 '이런저런 회사가 되고 싶다'고 사장인 제 자신에게 말해야 하는 것입니다.

그렇다면 저는 언제 개인으로 돌아올 수 있을까요. 가슴 아픈 말이기도 하지만, 사장에게는 개인으로서 존재하는 시간이 거의 없다고 생각합니다.

회사를 바라보는 시각은 다양합니다. 회사는 무생물이며 그저 주주들의 모임에 불과하다는 회사법인설會社法人說, 즉 회사는 인격이 없기 때문에 아프지도 가렵지도 않으며, 그런 고통과 불편함은 모두 주주가 느끼는 것이라는 자본주의적 관점의 시각이 있습니다. 또 다른 하나는 주주가 소유하고 있지만 회사 그 자체에도 인격이 있다는 회사의인설會社擬人說입니다. 그런데 이는 모두 회계학상의 처리 문제에 입각해 회사를 바라보고 있는 것입니다.

저는 보다 정신적인 시각으로 회사를 바라보고 있습니다. 회사를 그 자체로 하나의 인격으로 보고, 이를 대변하는 사람이 사장이라고 생각합니다.

사장이 회사에 나와 있는 8시간 동안만 회사에 대해 생각하고, 그 이후에는 자신에 대해서 생각한다면 회사의 입장에서 보면 큰일이 아닐 수 없습니다. 사장은 회사를 대변해야 하는 존재이기 때문입니다.

회사에 이익이 되는 것과 자신에게 이익이 되는 것이 동시에 존재할 경우, 어떤 선택을 해야 할까요. 자신보다 회사의 이익에 무의식적으로 쏠리는 타입이 아니라면 회사를 맡아서는 안 된다고 생각합니다. 미국의 문화처럼, 자신도 중요하고 회사도 중요하니 둘 다 공평하게 생각해 결론을 낸다면 그나마 낫습니다. 하지만 자신의 이익을 우선시하고 여유가 생길 때 회사를 생각하는 사람은 최악입니다. 그런 경영자가 경영하는 회사는 반드시 불행의 구렁텅이에 빠지게 됩니다.

즉, 사심을 버려야 한다는 말입니다. 그것을 위해서 비싼 월급을 받는 셈이니, 회사의 입장에서 보면, 좀스러운 생각은 하지 말고 진심으로 일에 매진해 달라고 요구하는 게 당연합니다.

이는 사장에게만 해당되는 것은 아닙니다. 아무리 작은 조직이라도 마찬가지입니다. 자신이 이끄는 조직을 최우선으로 생각하지 않으면 아무도 따르지 않습니다. 항상 자기만 생각하는 리더는 아무도 따르지 않습니다.

조직을 위해 자신의 손해를 감수하는 용기, 이것은 리더의 필수 조건입니다. 이를 아까워하는 사람은 리더로서 자격이 없습니다.

지금 이곳에 계신 여러분은 모두 승진하셨겠지만, 그런 건 아무래도 상관없습니다. 여러분이 좀 더 나은 사람이 되기를 원하고, 그래서 회사를 이어받을 수 있는 사람이 되었으면 합니다. "저 사람은 능력도 있고, 성격도 밝고, 인간성도 좋고 엄격하면서도 다정하다"는 말을 듣게 되기를 원합니다. 그렇게 누가 봐도 "저 사람은 멋지다"는 말을 들을 수 있는 사람으로 성장해 나갈 수 있기를 기대하고 있습니다.

제 7 장

새로운 것을
이뤄내는 힘

34
인간의 무한한 가능성을
신뢰한다

'내 안에 무한한 능력이 있다'고 믿는다.
단, 아무리 믿는다 해도 지금 당장
그만한 능력을 발휘할 수는 없으니,
매일 꾸준히 노력해 자신의 능력을
갈고닦아야 한다. 항상 호기심을 갖고
새로운 것을 생각하고 실행하며,
그것을 즐기는 사람이 된다면
누구나 기꺼이 그렇게 할 수 있다.

§ 1999년 §

인간은 누구나 무한한 가능성을 지니고 있습니다. 무한하고 엄청난 능력이 우리 모두 안에 잠재되어 있습니다. 이때 '무한한 가능성'이라는 말을 '무한한 능력'으로 바꿔 말해도 괜찮습니다.

물론 학창시절을 떠올려 봤을 때, 엄청나게 특출난 사람은 아니라는 걸 스스로도 알고 있을 테니 제가 이렇게 말한다고 해서 "역시 내게도 무한한 능력이!"라며 단박에 믿는 사람은 거의 없을 것입니다. 초등학교 때부터 대학교 때까지의 성적을 떠올려 보면서 제 말에 고개를 젓는 사람도 있을 것입니다. 그럼에도 불구하고 저는 누구에게든 "당신에게는 무한한 능력이 있다"고 말합니다.

그런데 백 명한테 그렇게 말해도 아무도 믿지 않습니다. 사실은 믿지 않기 때문에 성공하지 못하는 것입니다. 만약, 제 말에 귀를 기울이는 사람이라면 과거는 어찌 됐든 "내게도 사실은 무한한 능력이 있지 않을까"라고 갑자기 믿어버린 셈이니, 어지간히 급하고 꽤나 허술한 성격의 소유자일 수도 있겠습니다. 하지만 그에게는 가능성이 있습니다.

능력은 지식을 통해서만 나오는 것은 아닙니다. 제가 말하는 '능력'은 육체적인 능력, 사회적인 능력을 모두 포함합니다. 학교 시험에는 아이큐가 중요할지 모르지만, 실제 사회에서는 그

이나모리 가즈오, 부러지지 않는 마음

것만이 능사는 아닙니다. 건강한 것도 커다란 능력 중 하나입니다. "전 큰 병을 앓은 적도 없고, 감기에 걸린 적도 없습니다. 아주 건강합니다"라고 말할 수 있는 사람은 병약한 사람에 비해 더 능력이 뛰어난 것입니다.

"능력이 무한하다"는 표현 역시 잘 믿기지 않겠지만, 그 말을 "능력은 갈고닦을수록 향상된다"로 바꿔 보면 그것 역시 수긍할 수 있을 것입니다.

밤낮으로 운동을 하거나 건강에 신경 쓰면 당연히 더 강한 몸을 갖게 되고, 훈련을 하면 육체적인 능력 또한 높아질 것입니다. 두뇌 역시 마찬가지입니다. 능력은 향상될 수 있습니다. 갈고닦지 않았기 때문에 멈춘 것처럼 느껴졌을 뿐입니다. 그러니 지금부터라도 '내 능력은 무한하다'고 믿고 자신의 능력을 키워 나가길 바랍니다.

"내 능력을 향상시키자. 지금껏 깨닫지 못했지만 내겐 무한한 능력이 있다. 지금까지 그냥 내버려 두고 노력하지 않았을 뿐. 그러니 이제부터라도 열심히 갈고닦아 보자. 그것을 위해서 먼저 '내겐 무한한 능력이 있다'고 믿어 보자."

이런 식으로 마음먹는 것이 중요하다고 생각합니다. 그리고 매일매일 끈질기게 노력해야 합니다.

그것과 더불어 창조적으로 생각하는 것을 연습해보는 게 좋습니다. 저는 항상 "오늘보다 내일, 내일보다는 내일모레, 항상 창의성을 더해나가십시오"라고 말하곤 합니다. 오늘도, 내일도, 내일모레도 같은 방식으로 일을 하는 대신 항상 오늘보다 내일, 내일보다는 내일모레, 일에 창의성을 더해 좀 더 좋은 방향으로 나아가야 합니다. 특히 중요한 일을 창조적으로 성사시키려면 이렇게 하는 것이 매우 중요합니다.

끈질기게 노력을 거듭하고 항상 창조적으로 생각하며 창의적으로 일하는 것. 이것이야말로 자신의 능력을 향상시켜 나가는 원동력이라고 생각합니다.

일단 "내겐 무한한 능력이 잠재되어 있다"고 믿어 보시기 바랍니다. 단, 아무리 믿는다 해도 실은 지금 당장 그만한 능력은 없으니, 매일 꾸준히 노력해 자신의 능력을 갈고닦아야 합니다.

사업을 하든 무슨 일을 하든 마찬가지이지만, 제가 "인간의 무한한 가능성을 추구하라"고 강조하는 데는 이유가 있습니다. 가령, 현재 경기가 아주 안 좋은 상황이라고 가정해봅시다. 때문에 영업 부장에게 "수주가 적으니 좀 더 분발하라"고 말했다고 해봅시다. 이럴 경우 돌아오는 말들은 지금 상황이 얼마나 안 좋은지를 설명하는 말들뿐입니다. "수주를 받는 게 몹시 어려운 상황이며, 우리 회사뿐 아니라 동종업계 타 회사도 매우 힘들어 하고 있으며, 이것은 우리만의 문제가 아니다"와 같은 말들이 잔뜩 되돌아옵니다. 그리고 그런 말을 듣다 보면, '그래, 상황이 심각한데 내가 너무 무리한 요구를 했다'는 생각에 그만 느슨해지고 맙니다.

이러한 일들은 회사 내에서만 일어나는 것이 아닙니다.

'이 업종을 그대로 이어나가도 괜찮을까. 시대가 변하고 있는데 아버지로부터 물려받은 사업을 그대로 답습해도 될까. 이미 내리막길로 들어섰고 일도 줄어들고 있는 것 같은데… 주변이나 친구들을 둘러봐도 그렇고, 신문이나 잡지에서도 연일 "새로운 21세기는 이런 시대가 될 것이다"라고 말하고 있는데, 이런저런 다른 사업에 도전해볼까. 아니, 아니야. 내게는 능력도 없고 기술도 없고 자금도 없으니 도저히 무리야.'

종종 이런 생각들로 머릿속이 꽉 차기 십상입니다. 하지만 그런 생각은 그대로 날려버리십시오.

인간에겐 무한한 능력과 가능성이 있으니, 그런 식으로 변명을 늘어놓고 포기하지 않길 바랍니다. '어떻게든 하면 어떻게든 되지 않을까'라고 생각해야 합니다. 그것이 바로 "인간의 무한한 가능성을 추구하라"는 말의 진정한 의미입니다.

인간의 무한한 능력을 믿어라, 인간의 무한한 가능성을 추구하라고 해도 단번에 모든 게 실현되지는 않습니다. 하지만 '이것은 어려우니 우리에겐 무리다'라고 간단히 포기하는 대신 '어떻게든 하면 결국 어떻게든 되지 않을까'라고 생각해야 합니다. 그렇게 생각해야 도전하고 싶은 마음이 생깁니다. 거기서부터 끈질기게 노력해야 합니다. 처음에는 자벌레가 땅바닥을 기어가는 듯한 모양새일지 몰라도, 그래도 괜찮습니다. 모든 일은 그렇게 시작되는 법입니다.

교세라를 창업한 지 4반세기가 지난 1984년에, 저는 파인 세라믹과는 아무런 연관성도 없는 전기통신사업, 다이니덴덴(현 KDDI)을 시작했습니다. 그동안 전혀 관련도 없었던 분야에 발을 들여놓은 셈입니다.

메이지明治 시대 이후로 통신사업은 국영사업의 일환이었고, 그 당시 30만 명이 넘는 직원을 거느린 덴덴공사電電公社(현 NTT)가 전국 도처에서 업무를 처리하고 있었습니다. 몇 만 명이나 되는 연구원들이 그곳의 연구소에 소속돼 전문적으로 일하고 있었습니다. 그런데 갑자기 아무것도 모르는 자가 그곳에 끼어들어 도전장을 내민 셈이니, 무모하고 터무니없는 게임처럼 보였을 것입니다. 보통 사람이라면 가능하다고 생각하지 않았을 일입니다. 모두들 잠깐 생각해보는 척하고 곧바로 포기해버렸던 일입니다. 그 와중에 제가 손을 든 것입니다. 그 당시에는 그야말로 터무니없게 보여서, "정말로 할 수 있나"라는 말을 주변에서 들었을 정도입니다.

자신의 무한한 능력을 믿지 않았다면 가능하지 않았던 일입니다.

"괜히 손을 댔다가 자폭하는 거 아니냐"고 주변에서 말들이 많았지만, 저는 노력하면 반드시 길이 열릴 것이라 믿고 사업을 시작했습니다.

다이니덴덴은 제가 50살이 넘어 도전한 사업입니다. 결코 젊지 않은 나이에 시작해서 결국 성과를 이루어냈습니다. 무한한 가능성을 추구하면 언젠가는 길이 열린다는 사실을 몸소 증명해냈습니다. 여러분도 부디 자신에게 엄청난 능력이 잠재되어 있다고 믿고 도전해 보시길 바랍니다. 항상 창조적으로 생각하고 아주 조금씩이라도 좋으니 끈질기게 노력을 거듭하다 보면, 자신의 능력을 향상시킬 수 있습니다.

의욕적인 사람은 그렇게 하는 게 가능합니다. '이렇게 하면 망하지 않을까' 하며 비관적인 생각을 하는 사람이 아닌, 밝고 의욕적으로 생각하고 실행하는 사람. 부모로부터 물려받은 사업만 하는 게 아니라, 항상 호기심을 갖고 새로운 것을 생각하고 실행하며 그것을 즐기는 사람. 그런 사람은 도전할 수 있습니다.

다이니덴덴을 설립할 때 제게 비장한 마음만 있었던 것은 아닙니다. 제겐 '필로소피'가 있었습니다. '이 필로소피를 따라 노력해보자. 반드시 길은 열릴 것이다'라고 스스로 믿었습니다. 그렇기에 도전에 대한 즐거움이 있었습니다. 다소 낙천적인 성향도 한몫했을 것입니다.

그렇습니다. 새로운 일을 해내려면 비장한 마음만으로는 부족합니다. 밝고 긍정적으로 생각하는 것, 이것이야말로 인간의 무한한 가능성을 믿는 마음이기도 합니다.

이나모리 가즈오, 부러지지 않는 마음

35

구상은 낙관적으로,
계획은 비관적으로,
실행은 더 낙관적으로

매우 낙관적으로 목표를 설정하고,
계획을 세울 때는 비관적으로 검증한다.
그리고 마침내 실행하는 단계에 이르면
다시금 미친 듯이 낙관적으로
달려 나간다. 이것이 새로운 일을
성공으로 이끄는 핵심 포인트이다.

—◁ 1989년 ▷—

신제품 개발, 신기술 개발 등 새로운 일을 성공시키려면 우선 낙관적으로 그려 나가야 합니다. 즉, 어떻게든 해내고야 말겠다는 꿈과 소망을 품고, 매우 낙관적으로 목표를 설정하는 것이 그 무엇보다 중요합니다. '매우 낙관적으로 목표를 설정한다'는 것에 반론을 제기하는 사람도 있을 테지만, 저는 그렇게 생각합니다. 스스로 담을 쌓아 올리면 꿈을 이루어보고자 하는 의욕조차 생기질 않습니다. 저는 하늘이 우리에게 무한한 가능성을 열어 준다고 믿습니다. 그러니 "할 수 있다"고 끊임없이 되뇌며 자신을 일으켜 세워야 합니다.

물론 계획 단계에서는 그렇게 머릿속으로 그린 구상을 비관적으로 검증해야 합니다. 비관적으로 검증한다는 것은, 지금 하고자 하는 일이 얼마나 어려운 것인지 제대로 인식하고 신중하고 꼼꼼하게 계획을 세우는 것을 뜻합니다.

그리고 이렇게 꼼꼼하게 대책을 마련해 계획을 세웠다면 다시 낙관적으로 행동에 옮겨야 합니다. 실행 단계에서도 비관적으로 생각했다가는 성공을 위한 과감한 행동에 나설 수 없습니다.

새로운 일을 시작하려면 이처럼 각각의 단계에 맞게 사고방식을 전환해 가야 합니다.

한 가지 예로써, 저희 회사가 새로운 카메라를 개발했을 때의

이나모리 가즈오, 부러지지 않는 마음

일을 말씀 드리고 싶습니다.

저는 제 철학에 따라 이러저러한 카메라를 만들어 보고 싶었지만, 그것은 기술적으로 어려운 일이었고, 그동안 시도해보지 않은 기술이 필요했습니다.

개발 담당자에게 "개발하려면 얼마나 걸리겠나"라고 물었더니, "3년이나 4년 정도 걸릴 것 같습니다"라고 하더군요. 그래서 "그게 말이 되나. 길어도 1년 반, 가능하면 1년 안에 완성해봐"라고 하자, "이 일에는 엄청난 기술이 필요한데, 그런 기술을 가진 사람이 저희 회사에는 없습니다"라는 대답이 돌아왔습니다. 특히 임원이나 뛰어난 기술자들일수록 하나같이 "불가능하다"라고만 했습니다.

그런데 딱 한 명만이 "해낼 수 있을 것 같습니다"라고 하길래, "그래? 그럼 자네가 해봐." 하며 그 일을 맡겼습니다. 다른 기술자들은 '그렇게 어려운 걸 간단히 해낼 수 있겠어. 우린 인력도 없고 기술도 없어서 불가능해. 한다고 해놓고 실패라도 하면 대망신이야'라고 생각했을지 모르겠습니다. 적극적으로만 한다면 결과에 대해 크게 나무라지 않는 회사의 기조가 있었지만, 실제로는 결과에 대한 걱정을 떨칠 수 없었던 것입니다. 저 역시 회사에 그런 기술이 없다는 것쯤은 잘 알고 있었습니다. "할 수 있을 것 같습니다"라고 말한 자가 잘 해내리라는 보증도 없었습니다. 그런 것을 알면서도 "해봐!"라고 말했던 것입니다. 즉, 매우 낙관적으로 목표를 설정한 것입니다.

똑똑한 사람들은 오히려 비관적으로 목표를 설정해놓고 "그건 어렵습니다"라고 말합니다. 저는 그런 자에게는 "너 따위는 필요 없어"라고 말하고는, 다소 경솔해 보여도 바로 "해 보겠습니다"라고 말한 사람에게 일을 맡깁니다. 될 리가 없다는 것은 저도 잘 알고 있습니다.

무거운 바퀴를 굴리려면 일단 밀어보는 게 중요한 것처럼, 일단 낙관적으로 생각하면서 시작할 필요가 있습니다. 그렇게 해서 일단 움직인 바퀴는 굴러가는 걸 멈추지 않는 법입니다.

물론 내버려두면, 어디로 튈지 모릅니다. 그러니 하겠다고 결심한 사람에게는 구체적인 계획을 세워 보게 합니다. 그래야 실질적인 문제가 전면에 드러나게 되기 때문입니다. 그렇다 해도 이미 해 보기로 마음먹었기 때문에, 일을 맡은 사람은 각 문제에 대한 해결책을 생각해낼 수밖에 없습니다.

그렇게 없는 지혜를 열심히 쥐어짜 보수적으로 생각하며 꼼꼼하게 계획을 세운 다음에는, 그대로 밀어붙입니다. 일단 밀어붙이기 시작했다면 이번에는 다시 낙관적으로 생각해야 합니다. '잘못되진 않을까' 같은 걱정은 해서는 안 됩니다.

이 단계가 되면 "항상 밝고 긍정적으로, 적극적으로 살아가

이나모리 가즈오, 부러지지 않는 마음

라"는 나카무라 덴푸 씨의 철학을 따라야 합니다. 비관적인 생각은 하지 말고, 반드시 잘될 것이라고 생각해야 합니다. 가령, 중간에 실패한다 해도 저는 스스로에게 잘했다고 격려하라고 말합니다.

이처럼, 긍정적인 마음으로 미친 듯이 달려 나갈수록 성공은 코앞으로 다가옵니다.

36

모든 것은
마음먹은 대로 된다

창조적인 일을 하거나
진리를 탐구할 때
믿을 수 있는 건 자신밖에 없다.
하지만 이때야말로
자신이 마음의 균형을 잘 잡고 있는지,
양극단을 고루 겸비하고 있는지
스스로에게 물어야 한다.

1981년

이나모리 가즈오, 부러지지 않는 마음

　　　　　　　　　　　　　　　　신제품을 개발하거나 새로운 시장을 개척하는 등, 새로운 일을 생각하고 창조하는 것에 대해서 말하고자 합니다.

　제가 회사를 세워 앞뒤 분간도 못하고 경영의 '경'자도 모른 채 경영을 시작했을 때, 저는 인간으로서 무엇이 올바른가에 따라, 즉 원리원칙에 따라 생각하고 행동하려고 노력했습니다. 이와 마찬가지로 창조적인 일을 할 때도 자기 스스로 기준을 세워야 합니다. 다른 사람이 하지 않은 것을 해나간다는 것은 깜깜한 암흑 속에서 손을 더듬으며 걸어 나가는 것과 비슷합니다. 그 상황에서는 전문적인 지식이나 경험보다는 그 사람이 품고 있는 마음 상태가 가장 중요합니다.

　깜깜한 어둠 속에서 길모퉁이가 나타나면 앞이 전혀 보이지 않기 때문에 손으로 더듬으며 나아가야 합니다. 대담한 사람이라면 벽을 더듬으며 갈지라도 용감하게 나아갈지 모릅니다. 도랑에 빠지든 주변에 있던 자전거에 걸려 넘어지든 개의치 않고 앞을 향해 발걸음을 옮길 것입니다. 반면, 겁이 많은 사람은 온 신경을 곤두세워 한 발씩 내딛으며 나아갈 것입니다. 그러다 무슨 이상한 소리라도 나면, 공포감에 휩싸여 옴짝달싹도 하지 못하는 순간도 생깁니다.

　즉, 대담한 사람은 용감무쌍하게, 겁이 많은 사람은 신중하게 걸어갑니다. 어느 쪽이든 자신이 접한 것, 몸소 느낀 것밖에는 믿을 게 없습니다.

그것이 바로 창조라는 세계입니다.

저는 원래 기술자였기 때문에 주로 기술 개발을 하는 일에 종사해 왔습니다. 특히, 젊은 시절에 실험을 많이 했는데, 실험이란 걸 하다 보면 종종 재미있는 상황과 마주하게 됩니다. 예를 들어, 수치 분석 실험이 그렇습니다. 지금은 기기를 사용해 분석하기 때문에 정확한 수치가 나오지만, 예전에는 모두 실험을 통해 수치를 분석해야 했습니다.

가령, 어떤 물질 내에 어떤 원소가 몇 퍼센트 함유되어 있는지 정량 분석을 해야 할 경우, 그 원소가 많이 들어 있으면 상관없지만 아주 소량 혼입되어 있는 것을 분석할 때는 좀처럼 정확한 수치를 내기가 어렵습니다. 그럴 때는 특수한 약품을 넣어서 그 원소가 들어 있다는 걸 확인해야 하는데, 열 명의 학생에게 그 양을 분석하도록 시키면 재미있게도 열 명이 내놓은 수치가 다 제각각입니다.

그렇기에 대학에서는 미리 어떤 성분의 샘플을 만들어놓고, 그것을 이용해서 정량 분석 하는 법을 연습합니다. 넣어둔 성분의 양을 이미 알고 있으니, 실험에서 나온 수치가 이상하다 싶으면 다시 실험하면서 보다 정확한 수치를 획득하는 법을 터득해 갑니다. 하지만 그렇게 정량 분석을 꽤 연습한 후에도 미지의 물질을 분석하면 실험할 때마다 수치가 다르게 나옵니다.

대기나 수질을 분석할 때는 미량 분석을 통해 수치를 내는데, 이것 역시 수치에 상당한 차이가 있습니다.

기술적으로 올바른 방법으로 시험한다 해도 사람에 따라 수치가 다르게 나옵니다. 크게 차이가 나는 것도 아니고, 방법도 틀리지 않았지만 여러 번 조작하다 보면 도중에 약간의 차질이 발생하거나 오차가 생겨 수치가 달라지는 것입니다. 자신은 제대로 했다고 생각했어도 객관적으로 보면 정확하지 않았던 것입니다.

세심한 사람이 엄청 주의를 기울여 시험하면 근소한 차이의 수치가 나오기도 하지만, 그래도 여전히 정확한 것은 아닙니다. 대담한 사람이 하면 시험 과정도 대담해져서 수치는 크게 벗어나고 맙니다. 정확도를 요하는 경우든, 새로운 것을 추구하는 경우든 자신이 만들어낸 결과 그 자체밖에는 확인할 길이 없는 셈입니다.

따라서 창조라는 세계에서는 기준이 모두 자기 자신에게 달려 있습니다.

일반적으로 우리의 99퍼센트는 세간에서 이렇게 했다거나 사람들이 이렇게 말했다는 것을 기준으로 삼습니다. 즉, 사회가

고도로 발달하고 문명이 진화되면, 스스로 기준을 만들어 나가는 게 어렵고 다른 사람들이 만들어 놓은 기준에 따라 살아가는 게 편하기 때문에 그러한 시스템에 길들여져 버리고 맙니다.

자신이 만들어 놓은 기준으로 생각하거나 하면 다른 사람과 다르다는 이유로 따돌림을 당하는 경우도 생기니, 대부분 무의식적으로 나의 바깥에서 기준을 찾아 살아갑니다. 하지만 새롭게 창조적인 일을 해나가려면 스스로 확인해야 합니다. 믿을 수 있는 건 자기 자신밖에 없습니다. 기준이 되는 것은 자신뿐입니다.

어떤 것을 창조해 나간다는 것은 진리를 탐구해 나가는 것과 마찬가지이므로 기준이 되어야 할 자신, 즉 자신의 마음이 얼마나 올바른가가 중요한 요소로 작용합니다.

올바르다는 것엔 청렴하다는 의미도 포함되어 있지만, 제가 말하는 '올바름'은 균형을 의미합니다. 얼마나 마음이 균형 잡혀 있느냐가 중요합니다. 너무 대담해서도 안 되고 너무 겁이 많아서도 안 됩니다. 너무 낙천적이어서도 안 되고 너무 신중해서도 안 됩니다.

제가 말하는 이 균형이라는 것은 흔히 말하는 중용中庸 즉, '어느 쪽에도 치우침 없는 상태'를 뜻하는 것도 아닙니다. 진리를 탐구해 나가는 데 있어서의 균형이란, 양극단을 겸비해야 한다는 의미입니다. 매우 대담하면서도 매우 세심하고, 매우 배려심이 넘치는 한편 비정한 면도 갖추고 있어야 합니다. 무엇인가를 창조해 낼 땐, 무엇보다 이러한 마음의 균형이 필요합니다.

그러한 자신의 마음을 기준으로 삼고, 자신이 이루고자 하는 진리와 실험 결과를 대조해 나가야 합니다. 그러다 연구를 계속해도 좀처럼 생각대로 되지 않는 날들이 지나가면, 마침내 어느 정도 성과를 내는 시간이 찾아옵니다. 그렇게 되기까지 고된 과정을 거쳤지만 일단 거기까지 도달해 무언가가 만들어지면, 어느 정도 자존심이 강한 사람이라면, 그 순간에도 내심 '이건 완전하지 않다, 조금만 더 해보자'라고 생각합니다. 물론 기나긴 시간을 투자해 고생해서 만들어냈으므로 그렇게 생각하고 싶지 않은 마음도 당연합니다. 때문에 완전히 완성되지도 않았는데 "다 됐습니다." 하고 말해 버리는 경우도 생깁니다. 경영자가 결과를 재촉할 때 그동안 고생한 것도 있는데 "아직 완성되지 않았습니다"라고 말하려면 상당한 용기가 필요하지요.

허영심도 영향을 미칩니다. 인간에겐 수많은 마음이 있습니다. 내심 '완전하지 않다'고 생각하고 있지만, 시대의 흐름이라든가 자신의 체면 같은 여러 요인 때문에 "완성되었다"고 말하는 경우도 있습니다. 이때, 누군가가 그것에 대해 약간 비난하거나 헐뜯으면, 그렇지 않다고 그럴싸하게 설명하기 위해 열을

냅니다. 즉, 창조적인 일에 관해서는 그것을 만든 사람이 완성이라고 생각하면 그것으로 마침표가 찍힙니다.

하지만 완성되지 않았는데 완성됐다고 말하면, 그것으로 인해 일시적으로 성공할지는 몰라도 종국에는 반드시 실패하게 됩니다.

반면, 반대의 경우도 문제가 됩니다. 아주 소심하고 겸허한 사람이라면 수없이 많은 시간을 투자해도 결론을 내지 못합니다. 다른 사람이 들여다보고 이제 다 된 것 같다고 말해도, "아니, 아직 안 됐다"고 말하며 1년이 지나도, 2년이 지나도 결론을 내질 못합니다. 이제 다 되지 않았냐고 말해도 '아직'이라며 타이밍을 놓칩니다. 그러고는 경영자조차 열정이 식어버릴 즈음 결론이 나지 않은 상태로 미덥지 못한 것을 내놓습니다. 실은 잘 만들어진 것이지만, 지나치게 노심초사하며 만든 것이기에 그 마음이 그대로 개발품에 반영되어 나타납니다.

저희 회사가 생산해내는 제품군은, 세라믹 제품에서부터 전자기기에 이르기까지 실로 다양합니다. 마음이라는 관점에서 보면 그러한 제품의 만듦새에 개발한 사람의 마음이 그대로 투영되어 있습니다. 즉, 소심한 사람이 만들면 소심한 만듦새가 되고, 대담하고 오만한 사람이 만들면 대담하고 오만한 만듦새가 됩니다. 성능이나 외관, 모든 면에서 개발한 사람의 마음이 그대로 녹아들어 있습니다. 말도 안 되는 소리라고 생각할지 몰라도, 정말 그렇습니다. 정말이지 불가사의할 정도입니다.

그중 수많은 사람들의 마음을 사로잡아 히트한 제품들을 보면, 당연하게도 제품을 개발한 사람의 마음이 그대로 느껴집니다. 그렇기 때문에 저는, 균형 잡힌 마음으로 개발하는 게 생각보다 매우 중요하다고 믿고 있습니다.

37

어제보다 나은 오늘,
오늘보다 나은 내일을
추구하라

오늘보다는 내일, 내일보다는
내일모레를 향해 매일 우리는 변해간다.
5년이라는 세월이 흐르면
무서울 정도의 변화가 이루어진다.
1년이 지나면 그 변화가 엄청나고,
3~4년이 지나면 이미
위대한 '창조'가 이루어져 있다.

1995년

이나모리 가즈오, 부러지지 않는 마음

─────────────── 회사를 발전시키기 위해 필요한 것은 언제나 창의적으로 일하는 자세입니다. 오늘보다는 내일, 내일보다는 내일모레를 향해 꾸준히 개량하고 개선해 나가며 창의성을 키워야 합니다.

여기 모여 있는 여러분은 교세라를 보며 '뛰어난 기술을 끊임없이 개발해 멋진 회사로 거듭났다.', '저 회사는 뛰어난 기술을 가지고 있어서 좋겠다'라고 생각하고 있을지도 모르겠습니다. 그러고는 자신의 회사를 돌아보며, '우리는 기술도 없고, 가진 것도 없다. 그래서 성장하지 못하는 것이다'라고 어쩔 수 없다며 한탄하고 있을 수도요.

하지만 처음부터 좋은 것을 가지고 있는 회사는 없습니다. 항상 창조적으로 일하며, 오늘보다는 내일, 내일보다는 내일모레를 향해 꾸준히 개량하고 개선해 나간다는 마음가짐과 생각이 결국 승패를 가릅니다.

예를 들어, 저희 회사는 공장 청소를 직접 합니다. 저는 종종 이런 말을 해왔습니다. "조금씩이라도 좋으니, 좀 더 능률을 올릴 수 있는 방법을 생각해 보시길 바랍니다." 하지만 그렇게 두루뭉술하게 말했더니 좀처럼 아이디어가 나오질 않았습니다. 그래서 "매일 똑같은 방법으로 청소하지 말고, '오늘은 이렇게 해봤지만 내일은 이렇게 해보자, 내일모레는 이렇게 해보자.' 하는 마음으로 변화를 주십시오. 365일, 매일 다른 방법으로 해 보십시오"라고 말했습니다. 그랬더니 좀 더 다양한 방법이 나오기 시작했습니다.

요전에는 역에서 기계 같은 것으로 청소하는 것을 보고 역무원에게 물었습니다. "그 기계는 대체 뭔가요"라고 묻자, 역무원이 "진공으로 청소하는 기계로…"라며 설명해 줍니다. 그래서 "얼마 정도 하나요"라고 묻자, "가격도 저렴한데 어디서나 살 수 있습니다"라고 또 알려 줍니다. 곰곰이 따져보니 그 기계를 사용하면 여태껏 셋이 했던 청소를 혼자서도 할 수 있어서 이득이라는 생각이 들었습니다. 즉, 호기심을 가지고 알아보기 시작하자 다른 방법이 보였던 것입니다. 그다지 머리가 좋지 못한 사람이라도 매일 이렇게 하면 오늘보다는 내일, 내일보다는 내일모레로 갈수록 일이 변화되고 개선됩니다. 이렇게 5년이라는 세월이 흐르면 무서울 만큼 변화하게 됩니다.

기술도, 영업도, 회계도 모두 마찬가지입니다. 1년 365일 매일 같은 방식으로 일을 반복해서는 안 됩니다. 회사의 방침을 통해 항상 창조적으로 일할 수 있도록 만들어야 합니다.

변화는 단시간에 찾아오지 않습니다. 하지만 365일이라는 시간이 흐르면 상상도 할 수 없을 만큼 엄청난 변화를 맞이하게 됩니다. 무언가를 개선하고 개량할 때도, 위대한 발명을 할 때도 마찬가지입니다. 어제와 오늘만 보면 크게 달라지지 않은 것처럼 보이지만, 1년이 지나면 엄청난 변화가 찾아오고, 그렇게 3,4년이 지나면 그야말로 빛을 발하기 시작합니다.

능력은 부족하지만 뭔가 해보고자 한다면, 선생님을 찾아가서 묻거나 전문가의 이야기를 듣는 등, 모든 방법을 동원해야 합니다. 그런데 항상 창조적으로 일하고자 하는 마음가짐이 없다면 그런 행동도 나오지 않을 것입니다. 그러니 "오늘보다는 내일, 내일보다는 내일모레를 향해 반드시 개선시켜 나간다"는 방침을 세우시길 바랍니다.

현재 교세라는 다각적으로 사업을 전개해 나가고 있지만, 처음에는 제 전문 분야인 무기화학, 그것도 광물 결정이라는 협소한 범위의 세라믹 사업에만 전념했습니다. 하지만 모든 사원이 하나도 빠짐없이 오늘보다는 내일, 내일보다는 내일모레를 향해 변화를 일구어 냈고, 지금은 광학을 넘어서서 통신이나 다양한 분야의 기기로까지 기술적인 개발을 일궈내고 있습니다. 따지고 보면 그 모든 것이 단순한 기술에서 시작된 것입니다. 그러니 누구든 그렇게 될 수 있습니다. 처음부터 뛰어난 기술자나 기술력을 보유한다는 건 있을 수 없는 일입니다.

회사를 성장시키고 싶다면, 항상 창조적으로 일하는 마음가짐과 사고방식을 가지고, 날마다 창의성을 키워나가야 합니다.

제 8 장

●

도전이 값진 이유

●

38
'도전'이라는 말의 무게

어떠한 난관에도 굴하지 않고
도전하려는 용기, 어떤 고생도
마다하지 않는 인내심과 노력이 필요하다.
야만인이 지니고 있을 법한
탐욕과 투쟁심이 필요하다.
용기 없는 사람, 인내심이 부족한 사람,
노력을 게을리하는 사람,
이러한 사람은 '도전'이라는 말을
허투루 사용해선 안 된다.

2001년

우리는 '첼린지'나 '도전'이라는 말을 일반적으로 사용하고 있지만, 사실 도전이란 말 그대로 '싸움을 거는 것'입니다. "이것저것에 도전해 보자"고 하면 그럴 듯하게 들립니다. 하지만 '도전'이란 격투기처럼 투쟁심을 동반한 겨루기를 뜻합니다. 도전하려면 그 어떠한 난관에도 굴하지 않는 용기와 어떤 고생도 마다하지 않는 인내심과 노력이 필요합니다. 뒤집어 말하자면, 용기 없는 사람, 인내심이 부족한 사람, 노력을 게을리하는 사람, 이러한 사람은 '도전'이라는 말을 허투루 사용해서는 안 되는 것입니다.

경솔히 도전했다간 돌이킬 수 없는 커다란 실패를 불러올 수 있습니다. 여기엔 언제나 전제가 필요합니다. 어떠한 장벽에 부딪혀도 그것에 굴하지 않고 노력해 나가는 사람만이 도전할 수 있다는 전제 말입니다.

특히 리더에게는 반드시 용기가 필요하고, 보통 사람의 배가 되는 인내심도 갖추어야 합니다. 그리고 그 누구보다 노력형 인간이어야 한다는 사실을 명심해 주시기 바랍니다.

방금 도전이란 '겨루기'와 같은 것이라고 말했지만, 바버리즘 Barbarism이라는 말로도 표현할 수 있습니다. 마음속 어딘가에 다소 야성적이고 야만적인 부분이 있기 때문에 도전하는 것입니다. 그런 의미에서 보면, 문명인이나 교양인은 그다지 도전에 걸맞지 않을지도 모르겠습니다.

　문명의 흥망성쇠를 살펴보면, 야만인이 문명인을 정복한 역사는 얼마든지 찾을 수 있습니다. 예를 들어, 로마제국이 망하게 된 것은 호전적인 게르만족이 침입해 왔기 때문이라는 설이 있고, 몽고족이 유럽까지 영토를 확장한 때도 있었습니다. 문명인과 야만인이 대립할 경우, 문화 수준에서 보면 지식이 풍부한 문명인이 한 수 위일 것 같지만, 실은 그렇지 않습니다. 보다 강한 투쟁심을 갖고 있기 때문에 야만인이 승리하는 경우가 종종 있습니다.

　즉, 새로운 것을 이루어내기 위해서는 '무슨 일이 있어도 이걸 해내고야 말겠다'는 야만인의 본능에 가까운 탐욕과 투쟁심이 필요합니다.

39

능력을 미래진행형으로
파악한다

지금 불가능한 것을
어떻게든 해내려고 하지 않으면,
획기적인 성과는 만들 수 없다.
새로운 일을 해내고자 하는 사람이라면
'자신의 능력을 미래진행형으로
생각하는 자세'가 필요하다.

'자신의 능력을 미래진행형으로 생각하는 것'은 매우 중요합니다. 대기업일지라도 새로운 사업을 시작할 때, 그것을 위해서 팀을 꾸리도록 부하 직원에게 지시하면 "그건 힘들 것 같습니다"라는 말이 돌아올 때가 있습니다. "우리에겐 이런 기술이 없습니다. 이렇게 할 방법도 없고, 저런 방법도 없습니다"라며 불가능한 이유를 늘어놓습니다. 하지만 자신의 현재 능력, 회사의 현재 상황을 기준으로 가능한지를 따지는 건 누구나 할 수 있습니다. 그리고 그런 식으로는 사업이 발전할 수 없습니다.

인간의 능력은 끊임없이 계속 성장할 수 있습니다. 목표가 제아무리 까마득한 곳에 있다 해도, 현재 자신의 능력을 계속 키워 나가면 목표 지점에 닿을 수 있습니다. 가령, 5년 안에 도달해야 할 목표가 있다면, 현재의 수준을 인식하고 거기서부터 자신과 회사가 계속 발전해나가는 모습을 그려볼 수 있어야 합니다. 그렇게 성장 발전해서 2~3년 안에는 당초의 목표를 달성할 수 있을지 예측하는 사람이 되어야 합니다. 이렇게 자신과 회사의 능력을 미래진행형으로 생각하는 게 중요합니다.

교세라가 아직 소규모 기업이었을 때의 일입니다. 어느 날, 제가 직접 대기업에 수주를 받으러 가게 되었습니다.

"세라믹을 개발하고 있으니 그쪽 일을 맡겨 주십시오"라고 요청해보아도, 이미 동업자가 있으니 그럴 수 없다는 말만 돌아옵니다. 신용도 없는 지방의 일개 중소기업이다 보니 그럴 때는 "다른 곳에서는 하지 못하는 것을 저희는 할 수 있습니다. 그럴 만한 실력이 있습니다"라고 허풍을 떨 수밖에 없습니다. 그러면 그때부터는 "이런 건 가능하냐"며 듣도 보도 못한 것을 요청합니다. "이것은 어디에 사용하는 건가요"라고 물으면, "새로운 제품을 개발하고 있는데, 이 부분이 안 돼서 난처한 상황이니 꼭 만들어 달라. 6개월 뒤에 필요한데 가능하겠냐"며 묻습니다. 이미 내뱉은 말이 있기 때문에 "못 하겠습니다"라고 할 수도 없어 어쨌든 "해보겠습니다"라며 수주를 받아 돌아옵니다.

그런 다음 개발 직원들에게 그 일을 내놓으면 그들은 "이렇게 어려운 건 불가능합니다"라고 기겁합니다. 속으로는 다들 '이게 말이 되나. 해 본 적도 없는 걸 가지고 와서 무조건 하라고 하다니. 평소에는 거짓말하면 안 된다, 공명정대하고 정직해야 한다고 그렇게 외쳐대더니 불가능한 걸 할 수 있다고 거짓말한 건 저 사람이 아닌가'라고 생각했을지 모릅니다.

하지만 저는 "거짓말이 아니다. 불교에서는 이것을 방편方便이라고 한다. 지금은 거짓말처럼 보일지라도 약속한 6개월 뒤에 부탁 받은 걸 만들어내면 거짓말이 아니다. 그것을 지금 판가름해보자"라고 주장했습니다.

이나모리 가즈오, 부러지지 않는 마음

이것이 바로 '미래진행형으로 생각하는 것'입니다. 6개월 뒤에 자신의 능력이 목표한 데까지 성장할 수 있을지 그려보고 목표에 도달할 때까지 한 치의 빈틈도 없이 공을 들이는 것, 그것이야말로 자신의 능력을 미래진행형으로 생각하는 자세입니다. 교세라는 지금껏 그렇게 외줄타기하듯 성장해 왔습니다. 그리고 이렇게 미래진행형으로 생각하는 것을 실천해 왔기 때문에 이제는 그것이 회사의 문화로 정착되었습니다.

새로운 것을 할 때는 현재의 능력으로 판단해서는 안 됩니다. 자신과 팀과 회사가 앞으로 계속 발전해 나간다는 것을 믿고 시도해야 합니다.

40

징검돌은 치지 않는다

도전은 중요하지만,
무모한 도전은 안 된다.
자신의 특기를 살릴 수 없는 일에는
가급적 손을 대지 말라.
'징검돌은 놓지 않는 것'이
도전의 전제 조건이다.

§ 2007년 §

저는 다이니덴덴(현 KDDI)을 설립했을 때, 도전의 중요성을 가장 크게 실감했습니다. 다이니덴덴은 교세라의 역사 중 가장 큰 도전이었습니다.

저는 그때까지 "도전하는 것은 매우 중요하다. 우리가 살아남으려면 도전 정신을 잃어서는 안 된다"고 직원들에게 강조하고, 스스로에게도 그렇게 주입해 왔습니다. 그와 동시에 "그렇다 해도 무모한 도전은 해서는 안 된다"고 항상 자신을 타이르며, 직원들에게도 "도전은 용기 있고 멋진 것이지만, 무모한 도전은 해서는 안 된다. 참된 용기로 도전해야지 만용을 부리면 위험하다"고 말해 왔습니다.

"새로운 도전을 할 때 만용을 부려선 안 된다"고 강조한 것은 새로운 것에 도전할 때는, 자신감이 무엇보다도 중요하기 때문입니다. 저는 종종 이런 말을 하곤 했습니다.

"저는 기술자로서, 세라믹이나 화학 분야에 대해서는 공부를 많이 했습니다. 그래서 제 특기 분야인 화학 분야와 지금껏 몸담아 온 파인 세라믹 개발과 관련된 것이라면 이해하는 것뿐 아니라 앞날을 예측할 수도 있고, 자신도 있습니다. 하지만 제가 손대 본 적 없는 분야는 자신이 없기 때문에 발을 들여놓지 않습니다."

제가 처음으로 바둑을 배웠을 때, 친구는 이런 말을 했습니다.

"바둑돌을 세 칸 벌림, 네 칸 벌림처럼 띄엄띄엄 놓다 보면, 갑자기 적에게 막혀 애써 놓은 돌이 전부 무용지물이 되고 마는 경우가 생긴다. 적의 진지陣地로 뛰어들어 돌을 놓다가 실수하면 전멸을 피할 수 없다. 그렇기에 가능하면 적에게 막히지 않도록 돌을 연달아 촘촘히 놓아야 한다."

새로운 도전을 할 때도 자신감이 있는 것, 자신이 이해할 수 있는 것을 선택하면 즉, 돌을 연달아 놓는다면 상대방에게 막힐 일은 없습니다. 일단 자신의 집을 짓고, 그 연장선에 돌을 촘촘히 놓기만 해도 커다란 진지는 빼앗을 수 없을지언정 자신의 돌은 지킬 수 있습니다. 그런데 자신의 집을 만들었어도 그 후에 띄엄띄엄 징검다리로 돌을 놓으면서 판을 키워나가다 실수하면 10개 혹은 20개쯤 되는 돌을 상대방에게 전부 빼앗길 위험이 있습니다.

유도의 경우에도 마찬가지입니다. 평소에 주로 사용하는 손을 활용해 상대방의 옷깃이든 소맷부리든 붙잡아 밀어붙이면서 자신의 주특기를 걸어볼 틈을 노려야 합니다. 업어치기가 강점이라면 업어치기로, 허벅다리걸기가 강점이라면 그 기술을 시도하면서 상대방을 반드시 자신의 기술로 끌어들여야 합니다.

유도시합을 보다 보면, 업어치기를 잘하는 사람은 무조건 업어치기를 시도하는 걸 목격하게 됩니다. 상대방 또한 그것을 알고 있으니 열심히 방어합니다. 그래서 '저렇게 잘 막아내는데 과연 주특기를 쓸 수 있을까.' 싶은데 시간이 흐르면 어느 순간 멋지게 업어치기에 성공합니다. 그런 장면이 종종 연출되고는 합니다.

도전을 할 때에도 마찬가지입니다. 자신 있는 것과 연결해서 돌을 놓아야 합니다. 자신의 특기를 살릴 수 없는 일에는 손을 대지 않는 게 필요합니다.

저는 항상 그렇게 말해 왔고, 교세라의 사업을 다각화시킬 때도 그 신념을 항상 지켰습니다. 그 규칙을 딱 한 번 깬 것이 바로 다이니덴덴이었습니다. 다이니덴덴은 교세라의 사업과는 연관성이 전혀 없었고, 기술적으로도 관련이 없는 전기통신 사업이었습니다. "징검돌은 놓아서는 안 된다. 그것은 매우 위험하다"고 말해 왔지만, 그때만큼은 스스로 정한 규율을 깨고 당시의 경쟁사였던 덴덴공사電電公社(현 NTT)에 대항해 다이니덴덴을 설립하기로 결심했습니다. 물론 그러한 결심에는 아주 특별한 이유가 있었습니다.

그 당시 일본은 정보화 사회를 코앞에 둔 상황이었지만, 전기통신 요금은 여전히 비쌌습니다. 곧 다가올 시대에는 인터넷이 활성화 되어 책이며 정보며 모든 것이 통신 네트워크로 처리될

거라는 게 명백했는데, 통신 요금이 낮아지지 않는다면 그만큼 국민들의 부담은 커질 수밖에 없었습니다. 예를 들어, 그때의 가격이 지금까지 이어졌다면 지금의 아이들은 통신 요금으로 몇 십만 엔을 지불해야 했을 것입니다.

방대한 정보를 주고받는 시대가 됐을 때, 통신 요금이 저렴하지 않으면 국민의 생활에 부담이 가해집니다. 그래서 정정당당한 경쟁을 통해 저렴한 통신 요금을 확보하는 것이 무엇보다 중요하다고 생각했습니다.

합리적이고 공정한 가격은 올바른 경쟁 속에서 만들어지는 법입니다. 이는 자유경제의 원칙이기도 합니다. 자유경제가 각광 받는 이유는 자유경쟁 체제에서는 독점을 통해 폭리를 취할 수 없기 때문입니다. 모두 선의의 경쟁을 펼치기 때문에 요금도 적절하게 결정됩니다. 이것이 자유경쟁이 지닌 가장 큰 장점입니다.

저는 당시 국영기업이 독점하고 있던 통신사업에도 이러한 경쟁 시스템이 필요하다고 생각했습니다. 정당하고 올바른 경쟁을 통해 저렴하고 합리적인 요금이 책정되는 사회를 구축해야 한다고 생각했습니다.

누군가는 그렇게 해줄 것으로 기대했습니다. 그런데 안타깝게도 아무도 나서지 않았습니다. 당시 덴덴공사는 매우 막강한

이나모리 가즈오, 부러지지 않는 마음

회사였기에, 섣불리 맞섰다간 커다란 피해를 입을 수도 있다는 생각에 다들 머뭇거리기만 했습니다. 그런 상황이었기에 교세라가 나설 수밖에 없었습니다. 어쩔 수 없이 사회를 위해, 국민을 위해 시작한 일이었습니다. 그것이 제 인생철학에 위배되는 딱 한 번의 징검돌이었습니다.

도전하는 것은 매우 중요하지만 무모한 도전은 안 된다, 이 생각은 여전히 유효합니다. 다이니덴덴으로 큰 성공을 거두었다 해서, 제 전공 분야가 아닌 것에 또다시 발을 들여 놓지는 않았습니다.

사업에 도전할 때는 '가능한 한 징검돌은 놓지 않는다' 이것을 잊지 말아야 합니다.

41
'보일 때'까지 그려라

일을 제대로 해내려면
최종 목표로 가는 길의 모든 것을
예측할 수 있어야 한다.
시작하기 전부터 자신감을 가지고,
'언젠가 와봤던 길'처럼
그려낼 수 없다면
결코 사업에 성공할 수 없다.

1988년

다이니덴덴(현 KDDI)을 설립했을 때, 저는 전기통신 사업에 대해서는 아는 게 없었습니다. 경험도 없고 기술도 없었습니다. 하지만 NTT에서 교세라로 이적한 간부와 그를 따라 합류해 준 7, 8명의 기술자들을 일요일마다 교토로 불러서 다이니덴덴 설립을 위한 '지사志士' 모임을 가졌습니다. 그곳에서 우리는 "새로운 회사를 만들어 NTT에 도전한다"는 의지를 불태우며, 열심히 미래를 구상해 나갔습니다.

이 사업은 사실 매우 위험도가 높았습니다. 교세라의 간부들에게 말하면, "그런 무모한 짓은 그만 두세요"라고 할 게 불을 보듯 뻔했습니다. 일본의 모든 경영자가 위험하다며 나서지 않았던 일이었으니까요.

하지만 다이니덴덴을 시작한 후부터 지금까지 저는 신기하게도 불안감을 느낀 적이 단 한 번도 없습니다.

다이니덴덴 창설을 밝히고 앞으로 달려 나가자마자 갑자기 교세라 죽이기에 불이 붙었습니다. 연일 저희에 대한 기사가 신문이나 잡지의 한 면을 장식했고, 온갖 중상모략이 난무했습니다. 그러한 모함에 시달리다가 급기야는 설립을 응원해준 일부 사람들마저 제 곁을 떠나려 했습니다. 특히 제가 집중포화를 받았기 때문에 "(이나모리가 회장으로 있는 다이니덴덴은) 이대로라면 제대로 해낼 수 없다"며, 저의 친구이기도 했던 젊은 재계 인사가 "잠시 회장직을 교체하자"고 제안하기까지 했습니다.

그때 모리야마 신고森山信吾 사장이 "그렇다면 저도 사장을 그만 두겠습니다. 이나모리 씨와 함께 하려고 도전한 일인데, 다른 사람과 해야 한다면 하고 싶지 않습니다"며 딱 잘라 말해 주었던 장면을 아직도 기억하고 있습니다.

하지만 이렇게 심각한 상황 속에서도 스스로는 의아하리만큼 그 어떤 불안감도 들지 않았습니다. 제가 다이니덴덴을 통해 이루고자 한 것은 '국민의 이익'이었고, 이 정보통신 사업이 교세라 그룹의 21세기 사업을 위해서도 필요하다고 확신했기 때문입니다. 특히 젊은 사람들에게 미래를 안겨 주기 위해서 어떻게든 이를 해내야 한다고 생각했습니다. 저를 믿고 NTT의 간부직을 버리고 합류해주었던 직원과 그가 데리고 온 젊은 기술자들을 위해서도 꼭 성공적인 진출을 이루어내야겠다고 결심했습니다.

그 후로 줄곧 일말의 불안도 없이 모리야마 사장을 격려했습니다. 그리고 작년 9월, 공중 회선에 착수했을 때 저는 모리야마 씨에게 다음과 같이 말했습니다.

"앞으로 다이니덴덴의 사업은 이러한 방식으로 전개될 것입니다. 이 무렵에 상장할 예정이고, 융자금은 이렇게 갚을 예정입니다. 앞으로 계속 이렇게 훌륭한 회사로 만들어 나갈 방침입

이나모리 가즈오, 부러지지 않는 마음

니다."

어떻게 될지 아무것도 알 수 없는 상황 속에서도 앞으로 상장할 때까지의 과정을 그에게 죽 그리듯 설명하였습니다.

그러면서 "엘리트 관료 코스를 밟고 낙하산 인사로 민간 기업에 들어가 대기업 사장이 된 사람은 종종 있었지만, 당신처럼 새로운 사업체에 들어가 창업자 사장으로서 성공하는 전례는 별로 없을 것입니다. 고생은 많겠지만 그만큼 보람될 것이고, 아주 명예로운 일이 될 것입니다"라고 설명하면서 앞이 보이지 않아 불안할 수도 있는 모리야마 씨를 격려했습니다.

그리고 실제로 그때 그에게 말한 수치대로 지금 현재에도 매달 매출을 올리고 있습니다. 물론 지금에 이르기까지 평탄한 길만 걸었던 것은 아닙니다. 한 발 나아갔나 싶으면 벽에 부딪히고, 다시금 죽을힘을 내 그 벽을 뛰어넘는 일이 끊임없이 되풀이됐습니다. 그중 NTT 교환기가 정비되어 있지 않아 회선을 연결하지 못했던 문제는 특히나 난제였습니다. 모처럼 고객을 모으고, 다이니덴덴에 가입하게 만들어도 실제로 회선을 원활하게 사용할 수 없는 상태였기 때문입니다. 그 외에도 문제는 항상 생겼습니다. 어려운 상황을 해결하고 나면, 꼭 그 다음 장애물이 나타났습니다. 이렇게 사업을 하는 내내 수많은 변화의 물결이 밀어닥쳤고, 저는 그때마다 진지하게 고민하면서 대처

했습니다.

하지만 그럼에도 불구하고 그 과정 속에서 불안해하지 않았고, 회사가 성공하는 모습을 항상 마음속으로 그렸습니다. 과정은 달라도 여러분 또한 비슷한 일을 겪으셨으리라 생각됩니다.

사업을 전개할 때, '이렇게 추진한다'는 그림이 선명하게 그려지면 그 사업은 거의 성공한 것이나 다름없습니다. 반면에 하는 일마다 삐걱거리며 전혀 예상치 못했던 과제가 계속 생긴다면 제대로 나아갈 수 없습니다. 그러니 일을 제대로 해내려면 최종 목표로 가는 길의 모든 것을 간파해 예측할 수 있는 상태여야만 합니다. 시작하기 전부터 자신감을 가지고, '언젠가 와봤던 길'처럼 그려낼 수 있어야 합니다. 그렇게까지 하지 못하면 사업이라는 것은 결코 성공할 수 없습니다.

아마도 대부분의 사람이 현재 자신의 일에 대해 불안이나 의문을 품고 있을 것입니다. 그러한 것들을 품은 채 상황에 떠밀려 달리고 있을 것입니다. 하지만 그런 상태라면 일이 제대로 될 리 없습니다. 생각에 생각을 거듭해 머릿속으로 납득이 가도록 문제를 해결하고, 일말의 불안도 없는 상태에서 미래를 그려나가야 합니다.

물론 나아가다 보면 도중에 별의별 일이 생깁니다. 그때마다 진지하게 고민하고 해결하면서, 구름 한 점 없는 개운한 마음으로 나아가지 않으면 절대로 원하는 바를 이룰 수 없습니다. 특히 최고의 자리에 있는 사람이 자신이 맡은 부문의 미래를 그리지 못한다면, 훌륭한 경영은 절대 불가능합니다.

"당신의 회사는 어떻게 되고 있나", "당신의 사업 본부는 어떻게 되고 있나", "당신의 사업부는 어떻게 되고 있나"는 말을 듣고도 대답하지 못하는 자가 어떻게 경영을 할 수 있나요. 한 치의 망설임도 없이 "언제쯤 이렇게 될 것이기 때문에 지금 이렇게 하고 있다"고 말할 수 있을 정도로 선명한 청사진을 머릿속에 갖고 있지 않다면 참된 경영자가 될 수 없습니다.

시간당 채산표(교세라의 독자적인 채산 지표)나 손익에 대한 질문을 받고서 난감한 표정을 지으며, "아니, 그렇게 물으셔도⋯.", "현실적으로는 어려운 일이죠.", "엔화가 강해져서 채산이 맞지 않습니다"라는 식으로 말한다면 더 두고 볼 필요도 없습니다. 그런 사람이 밝고 장대한 미래를 구상해낼 리 없습니다.

무슨 일이 생겨도 순순히 받아들이고, 확고한 의지력으로 끝까지 해내는 것이 중요합니다.

강한 개성은 강한 의지력과 비슷합니다. 그러나 '아집我執', 즉 집착하는 마음은 언뜻 보면 의지력과 비슷해 보여도 실상은 전혀 다릅니다. 의지력이 강하다는 것의 참된 의미는, 발생한 일은 순순히 받아들이면서 그러한 변동과 어려움에도 마음을 단단히 세우는 것을 뜻합니다. 이에 반해 완고顧固하다는 것은 집착하는 마음만 강하다는 뜻입니다. 이것은 반드시 고쳐 나가야 합니다. 완고하면 사물을 올바로 판단할 수 없습니다. 사실을 있는 그대로 순순히 받아들이는 습관을 들여야 합니다.

저는 다이니덴덴을 추진할 때 모든 것을 머릿속으로 그려보 았지만, 그럼에도 불구하고 중간에 상황이 달라지면 순순히 받아들였습니다. 현재 상황을 있는 그대로 분석하고, 거기서부터 해결책을 생각하는 것, 이것은 매우 중요합니다. 순순히 받아들이는 마음과 강한 의지야말로 성공의 열쇠입니다. 더불어 자신의 머릿속으로 최종 목표까지 그려낼 수 있는 사람은 그 자체로 강한 의지력을 가졌다고 볼 수 있습니다.

42

지금 마음속에
무엇이 들어 있는가

강렬한 의지, 강렬한 열의,
그렇게 되고 싶다는 강렬한 소망이
동반되어야 비로소
모든 일이 이루어진다.
마음의 상태는 어떠한가.
바로 거기에 새로운 일을 성공시키는
중요한 열쇠가 숨겨져 있다.

⊰ 1981년 ⊱

저는 어렸을 때부터 성인이 될 때까지 부모님을 비롯한 주변 사람들로부터 '인간으로서 어떻게 살아야 하는가.', '무엇이 인간적으로 올바른 것인가'에 대한 답을 얻곤 했습니다.

어느 날 밤, 교토의 젊은 친구들과 함께 교토대학의 다나카 미치타로田中美知太郎 선생님께 가서 철학에 대한 이야기를 들은 적이 있습니다. 그동안 저는 철학이라는 말을 입에 달고 살았지만, 사실상 정식으로 공부한 적은 없어서 당시 고대 그리스 철학의 일인자라 불리던 선생님의 말씀을 듣고 싶었습니다. 선생님을 만나 "철학과 종교의 차이는 어떻게 이해하면 될까요"라고 물었더니, 그는 "극단적으로 말하자면, 서로 겹치는 부분이 많기 때문에 거의 같다고 볼 수 있습니다. 접근하는 방법이 다를 뿐, 종교와 철학이 추구하는 궁극적인 목적은 같다고 보면 됩니다"라고 답해주셨습니다. 그리고 이야기를 나누는 동안 다음과 같은 멋진 말씀을 들려주셨습니다.

"발명이나 발견의 과정 모두 철학의 영역에 속합니다. 이론적으로 설명될 수 있는 발명이나 발견은 과학입니다. 즉, 과학은 분명한 사실을 논리적으로 짜 맞춘 것입니다. 반면, 아직 알지 못하는 것을 발명하고 발견해나가는 과정은 철학의 영역입니다."

이 말은, "새로운 것을 추진해 나가는 것은 과학이 아니다. 그 것은 철학의 영역이다"라는 말과 동일합니다.

예를 들어, 천동설이 일반적인 상식이었던 시대에는 지동설을 주장하던 학자는 당연히 박해를 받을 수밖에 없습니다. 천체가 지구 주위를 도는 게 아니라 지구가 돌고 있다는 것, 그것을 아직 증명할 수는 없지만 어쨌든 이 대지가 움직이고 있다는 주장을 그 당시 사람들이 어떻게 받아들일 수 있었겠나요. 자연의 현상을 설명하기에 지동설이 더 적합하다는 가설을 세워 주장해도, 그 당시 천동설은 신을 중심으로 한 종교와도 연결되어 있었기 때문에 지동설 자체가 신을 모독하는 속임수가 되고 맙니다. 즉, 지동설을 주장하는 자는 처형을 당할 위험까지 있었습니다.

새로운 것, 발명, 발견 또는 창조적인 일을 할 때에는 마이너의 영역에 서 있을 수밖에 없습니다. 메이저의 영역이 상식으로 인정받는 세상에서 독창성이라는 것은 마이너의 영역에 있는 가치입니다. 그리고 이 소수파의 영역은 모든 방면에서 박해를 받아 왔습니다.

독창성은 증명된 후에야 비로소 상식으로 받아들여집니다. 때문에 우리가 현재 상식이나 이치로 이해할 수 있는 것은 이미 증명된 것들입니다. 반면, 다른 사람이 해본 적 없는 것들, 이치로 설명할 수 없는 것들은 아직 철학의 영역에 속해 있습니다.

따라서 신제품 개발이나 새로운 시장을 개척하길 원하면서, 마케팅 관련 책이나 컨설팅 같은 것들에 기댄다면 문제가 될 뿐만 아니라, 모순적이기까지 합니다.

새로운 영역에 도전하는 것이기 때문에 기존의 것에서 배울 수 있는 것은 별로 없습니다. 이것은 철학의 영역입니다. 그리고 철학이라는 것은 자신의 마음속에서 처리해야 합니다.

즉, 아직 증명할 수 없는 것들은 자신의 생각이 기준이 됩니다. 누군가는 하늘이 움직인다고 생각하기 때문에 천동설을 주장하고, 누군가는 대지가 움직인다고 생각하기 때문에 지동설을 주장하는 것입니다. 생각이 기준이 되기 때문에 철학이며, 그 기준을 세울 수 있는 사람은 자신밖에는 없습니다.

저는 철학을 전문적으로 공부하지 않았지만, 연구 개발을 통해 새로운 일을 해나갈 때 철학이 필요하다고 예전부터 생각해 왔습니다. 그래서 다나카 선생님을 만났을 때, 철학에 정통하신 분에게 그 생각을 증명 받은 것 같아 매우 기뻤습니다.

새로운 것, 다른 사람이 하지 않는 것에 도전하지 않는다면 회사는 성장할 수 없습니다. 하지만 안타깝게도 그 일을 시작할 때는 그와 관련된 시장은 아직 존재하지 않습니다. 아직 사람들이 모르는 것을 어떻게 팔 것인가. 그럴 때 필요한 것은 기술이 아닌 마음입니다. 무시무시할 정도의 의지와 열의가 필요합니다. 강렬한 의지, 강렬한 열의, 그렇게 되고 싶다는 강렬한 소망이 동반되어야 비로소 모든 일이 이루어진다고 생각합니다. 그 의지는 여러분의 영혼을 통해 전해집니다. 그것은 여러분이 인생을 어떻게 채우길 원하는지에 따라 결정됩니다.

성공은, 새로운 사업의 새로운 상품이 이렇게 되길 바라는 바로 그 마음에 달려 있습니다. 그리고 어떤 어려움이 닥치든 자신이 그려본 것을 해내고야 말겠다는 강한 의지는 바로 여러분 자신에게서 나옵니다.

의지력은 자신의 영혼에서 나옵니다. 따라서 '다른 사람이 하고 있으니 해보자. 다른 사람도 연구하고 있으니 나도 해보자'는 식으로는 절대 성공을 거둘 수 없습니다.

'자신을 위해, 사업을 위해, 사원들을 위해 무슨 일이 있어도 이건 해내야 한다'는 마음가짐을 지니고, 영혼에서부터 강한 의지를 불태워 그 마음 상태를 유지해 가야 성공할 수 있습니다.

저희 연구소에서는, 사업 테마에 관해 열 가지를 연구한다면 그것을 모두 성공시키는 걸 목표로 합니다. 이런 이야기를 하면, 다른 대기업 사장님들은 코웃음을 칩니다. "그게 말이 되냐. 열 개 중 두세 개만 성공해도 다행이다. 열 개 모두 성공하는 것을 목표로 삼다니 말도 안 된다"라고 하지만, 저는 마음의 상태에 따라 열 개면 열 개 모두 성공할 수 있다고 생각합니다.

저희 회사가 영세기업이었을 때, 열 개를 연구했는데 두세 개만 성공하는 식으로는 회사를 이어나갈 수 없었습니다. 없는 돈을 들여, 없는 사람을 써서 하는 것이기 때문에 모든 개발품을 반드시 성공시켜야만 했습니다.

적은 자원과 인력을 가지고 성공하려면 인간이 지닌 마음, 그최대의 무기를 어떤 상태로 갈고닦느냐가 매우 중요합니다. 새로운 일을 성공시키는 중요한 열쇠가 바로 그 마음 상태에 숨겨져 있습니다.

43
리더가 얻는 것

경영자가 자신에게 주어진
책임 이상으로 온몸을 던져
노력하고 있기 때문에 수많은 직원들이
미래에 대한 희망을 품고
살아갈 수 있는 것이다.
그들은 경영자를 믿고 존경한다.
그들이 느끼는 행복과 감사함은
돈으로도 살 수 없고, 그러한 가치에
힘입어 살아가는 인생이야말로
그 어떤 삶보다 멋지고 보람된 것이다.

1987년

격변하는 세상 속에서 경영을 하다 보면, 한순간도 마음을 놓을 수 없다는 것을 새삼 깨닫게 됩니다. 경영 자체에 실수가 있거나 문제가 생기면 경영이 악화되는 것은 당연합니다. 하지만 경영에 문제가 없다 해도 경영 주체와는 상관없는 경제 변화, 가령 엔화 강세 같은 상황이 발생하거나 하면 그 역시 큰 부담이 됩니다. 따라서 격변하는 환경도 고려해서 안정적으로 회사를 유지하는 것이 바로 경영입니다. 즉, 사내 체제에 만전을 기했다 해도 외부적인 요소로 커다란 적자를 보게 되면, 그것에 대한 책임을 경영자에게 물을 수밖에 없습니다. 그러니 '이만하면 괜찮다', '이만하면 우리 회사의 기초는 튼튼하다'와 같은 생각은 단 일초라도 해선 안 되는 것입니다.

특히 저희 회사처럼 경영의 가장 큰 목표를 "물심양면으로 전 직원의 행복을 추구한다"에 두고 있다면, 어떠한 환경에 처해 있어도 사원들을 지켜내는 게 가장 중요합니다. 변명 따위는 통하지 않습니다. 이러한 점에서 경영이라는 업무는 정말이지 가혹합니다.

여기에 모인 분들은 각자의 분야에서 중요한 임무를 맡고 계신 만큼 제 말에 크게 공감하시리라 생각됩니다.

무거운 책임감을 느끼며 한시도 쉬지 않고 항상 정신을 차리고 있어야 하는 것은 당연합니다. 경영자란 그러해야 합니다. 수많은 사람들의 운명을 쥐고 있는 만큼 어쩔 수 없습니다. 그러니 제대로 된 경영자의 삶이란 것은, 곱씹으면 곱씹을수록 수지타산이 맞지 않는 일 같기도 합니다. 한시도 긴장의 끈을 늦출 수 없는 고된 삶을 지속해야 하지만, 그에 맞는 보상은 여간해서는 받지 못할 때가 많으니까요.

그러나 경영자가 매일매일 자신에게 부여된 책임 이상으로, 때로는 예상치 못한 경제 변화에도 온몸을 던져 노력하고 있기 때문에 수많은 사원들이 미래에 대한 희망을 품고 살아갈 수 있는 것입니다. 그들은 그러한 경영자를 믿고 존경합니다. 즉, 참된 경영자가 받을 수 있는 보상은 살아가면서 '선한 일'을 하고 있다는 것, 그 자체이지 않을까 싶습니다.

그렇습니다. 돈으로도 살 수 없는 사람들의 행복감과 감사함에 힘입어 살아가는 인생이야말로 그 어떤 것보다 멋지고 보람된 삶이라고 여전히 저는 믿고 있습니다.

본문 출처 일람

이 책에 수록되어 있는 내용들은 '이나모리 라이브러리'
가 소장하고 있는 저자의 강연 및 강화 기록 중 특별히
'리더십'에 관한 것을 엄선해 발췌한 것들이다. 각 항목은
보충 및 수정의 과정을 거쳐 새롭게 구성 편집된 것으로,
각 내용의 출처는 다음과 같다. 본문의 기업명이나 개인
명은 출처에 적힌 대로 기재했으며, 현재의 명칭은 괄호
안에 덧붙였다.

1. **1991년 1월 18일** 교세라 경영방침 발표회

2. **1983년 10월 28일** 규슈 경제동호회대회

3. **1984년 2월 6일** 교세라 야시카 사업본부 영업소장 교육

4. **2006년 2월** 교세라 사내보 '경천애인敬天愛人' 머리말

5. **1993년 8월 25일** '세이와주쿠' 센다이/야마가타
   합동 학원장 정례회

6. **2010년 9월 8일** '세이와주쿠' 제18회 전국대회

7. **2013년 4월 24일** 담론회論談塾

8. **2008년 7월 17일** '세이와주쿠' 제16회 전국대회

9. **2008년 7월 17일** '세이와주쿠' 제16회 전국대회

10. **2008년 11월 7일** '교세라 창립 50주년 기념 비디오' 인터뷰

11. **1982년 5월** 교세라 사내보 '경천애인' 머리말

12. **2002년 11월 28일** 어태커스Attackers 비즈니스 스쿨

13. **1993년 8월 26일** '세이와주쿠' 삿포로 학원장 정례회

14. **1983년 8월 24일** 교세라 KEK 영업소 책임자 교육

15. **2008년 7월 8일** '교세라 필로소피 수첩 Ⅱ' 강연회

16. **1991년 12월** 교세라 사내보 '경천애인' 머리말

17. **2007년 9월 19일** '세이와주쿠' 제15회 전국대회

18. **1992년 4월 6일** '세이와주쿠' 고베/하리마 합동 학원장 정례회

19. **2008년 7월 5일** 교토 가고시마 현인회 총회

20. **2001년 9월 21일** 다이와증권 '추계 그룹부 점장 회의'

21. **1991년 3월 29일** 교세라 정기 대졸 신입사원 입사식

22. **2008년 1월** 교세라 사내보 '경천애인' 머리말

23. **2008년 1월** 교세라 사내보 '경천애인' 머리말

24. **1984년 9월 21일** 교세라 중견 간부 교육

25. **1992년 4월 3일** '세이와주쿠' 시가/후쿠이 합동 학원장 정례회

26. **1993년 1월 13일** 교세라 경영 방침 발표회

27. **2007년 10월 20일** GEF 그룹 교류 연구회

28. **2008년 4월 9일** '세이와주쿠' 전국 돌봄회

29. **2004년 2월 29일** '세이와주쿠' USA 개원식

30. **2005년 9월 8일** '세이와주쿠' 간사이지구 합동 학원장 정례회

31. **2008년 11월 7일** '교세라 창립 50주년 비디오' 인터뷰

32. **1984년 2월 6일** 교세라 야시카 사업본부 영업소장 교육

33. **1981년 5월 14일** 교세라 주임/엔지니어 승격자 교육

이나모리 가즈오, 부러지지 않는 마음

이나모리 가즈오의
경영 12조

1. **사업의 목적과 의의를 명확히 한다.**

   "공명정대하고 대의명분이 있는,

   가치 높은 목적을 비전으로 삼아라."

2. **구체적인 목표를 세운다.**

   "목표를 직원들과 항상 공유하라."

3. **강렬한 열망을 마음에 품는다.**

   "잠재의식에 스며들 만큼 강렬하게 지속적으로 열망하라."

4. 누구에게도 지지 않을 만큼 노력한다.

"지루한 일이라도 한 걸음씩 끊임없이 곧게 노력하라."

5. 매출은 최대화하고, 비용은 최소화한다.

"들어오는 것은 늘리고, 나가는 것은 줄인다.
이익이란 이 단순한 지침 뒤에 따라온다."

6. 경영이란, 가격을 결정하는 것.

"가격을 결정하는 것이 경영자가 할 일이다.
고객도 기뻐하고 우리에게도 이익이 되는 기준을 잡아라."

7. 경영과 의지력은 한 몸이다.

"경영을 하고자 한다면,
바위도 뚫을 만한 강한 의지가 필요하다."

8. 불타는 투지를 품는다.

"경영자라면 마땅히 투쟁심을 품어야 한다."

9. 용기를 다진다.

"비겁하게 일하지 말라."

10. 항상 창조적으로 일한다.

"오늘보다는 내일, 내일보다는 모레,

꾸준히 자신의 역량을 개선시키며 창의성을 높여라."

11. 배려하는 마음으로 성실하게 일한다.

"모든 거래에는 상대방이 있다.

모두가 기뻐할 만한 방향을 생각하라."

12. 항상 밝고 긍정적으로,

꿈과 희망과 당신의 첫 마음을 기억하라.

이나모리 가즈오의
6가지 정진

1. 누구에게도 지지 않을 만큼 노력하라.

2. 거만함을 경계하고 겸손하게.

3. 날마다 반성하라.

4. 살아 있는 것에 감사하라.

5. 선행을 쌓아 다른 사람을 이롭게 하라.

6. 감성적인 번뇌에 빠지지 말라.

'경영의 신' 이나모리 가즈오가 남긴
두 개의 유산

 '이타심 경영'과 '아메바 경영'이야말로 '경영의 신'으로 불렸
던 고故 이나모리 가즈오 회장이 세상에 남긴 불멸의 유산임을
그 누구도 부정할 수는 없을 것이다. 나는 이 책을 번역하기 전
부터 그의 이러한 두 가지 키워드를 토대로 약 25년간 그의 경
영철학을 탐구해 왔다. 그리고 그 과정에서 그의 철학이 비단
기업뿐 아니라 비영리 조직과 개인에도 그대로 적용될 수 있음
을 확신하기에 이르렀다.

 그렇다면 이나모리 가즈오가 말했던 '이타심 경영'의 본질은
과연 무엇일까. '이타심 경영'이란, 기업의 CEO가 자신의 경제
적 이익이나 입신양명을 추구하는 이기심을 버리고 기업 내부

적으로는 직원들의 행복을, 외부적으로는 거래 기업과 사회 전체의 이익을 우선시하는 경영 태도를 뜻한다. 그리고 이로써 안으로는 직원들의 일사불란하고 충성심 넘치는 직무 태도를 이끌어내고, 밖으로는 거래 기업이나 지역사회의 적극적인 협력과 지지를 확보하는 전략이다. 즉, '이타심 경영'에 초점을 맞춘 경영전략을 펼치게 되면, 직원과 거래처뿐 아니라 사회 전체로부터 탄탄한 신뢰, 이른바 '사회적인 지지'를 얻게 되는데 이것이 결국 '시장(경제적 지지)'으로 연결될 수 있다는 게 이나모리 가즈오만의 특별한 경영철학이다. 그는 이러한 철학을 바탕으로 교세라와 KDDI를 세계적인 기업으로 만들어 냈으며 파산 직전까지 갔던 일본항공JAL을 고수익 기업으로 변화시키기에 이르렀다.

그의 '이타심 경영'은 사실 '직원에 대한 이타심'에서 출발했다는 게 매우 독특하다. 즉, 그는 건립 초기에 회사의 목적을 '영리 극대화'가 아닌 '직원들의 행복을 물심양면으로 추구하자'로 정했다. 그 사명을 말로만 거창하게 떠들거나 임금 인상처럼 단편적인 수치만을 통해 증명하는 대신, 일상과 회사 경영 전반에서 직원들의 생각과 삶의 방식을 존중하고 수용하는 것으로 드러냈다. 이것은 곧 CEO와 직원들 간의 관계를 대립하는 관계에서 협력하는 관계로 변화시켰으며, 교세라 경쟁력의 근본이라 할 수 있는 '전원 참여형 경영'을 가능하게 만들었다. 저성장시대에도 불구하고 놀라운 실적을 보이고 있는 교세라의 원동력은 바로 이것에 있다고 해도 과언이 아니다.

협력업체, 거래처, 대리점 등, '상대방'의 행복까지 생각하는 태도로 경영에 임하게 되면, 달성해야 할 최고의 가치는 자연스럽게 고객의 만족이 된다. 그리고 그때에 이르러서야 비로소 전직원이 고객 만족의 극대화를 위해 필사적으로 노력하게 되고 다른 회사에 뒤지지 않는 상품과 정성이 담긴 서비스를 자발적으로 제공함으로써 고객의 신용과 존경을 얻게 된다.

이처럼 '주변의 행복'을 사명으로 삼는 이나모리의 '이타심 경영'은 언뜻 추상적인 가치처럼 느껴지지만, 그의 경영 인생을 통해서도 드러났듯이 이러한 경영철학은 결국 회사를 둘러싼 스테이크홀더(이해관계가 있는 개인, 그룹, 주주, 노동자, 하청업체 등)의 공감과 지지와 협력을 얻는 직접적인 원동력으로 작용해 회사의 탄탄한 성장을 보증한다.

그렇다면, 그가 말한 또 다른 경영철학인 '아메바 경영'은 무엇을 의미할까. 이것은, 회사의 전체 조직을 기능과 역할로 세분화하고(제조 라인에서는 공정별 또는 기술별, 영업 라인에서는 상품

별 또는 영업지역별 등으로 구분) 마치 원생동물 아메바가 이리저리 유연하게 모습을 변화시키듯 경영환경에 따라 세분화된 조직을 발 빠르게 변화시켜, '시간당 채산(이익/노동시간)'이라는 공통된 기준에 따라 각 조직의 채산성을 높이는 전략을 뜻한다. 이른바 독립채산제 형식의 경영전략이다. 이것은 비용 절감이나 매출 및 노동생산성 증대를 추구하는 것에 그치지 않고, 전 직원이 최고경영자와 동일한 수준의 채산의식과 경영자 의식을 가질 수 있도록 이끌어주는 관리회계 제도이자 인재양성 시스템이다.

그런데 이러한 소小 조직별 독립체산제를 철저하게 가동시키려면, 직원들에 대한 최고경영자의 '이타심', 즉 조직의 구성원들에게 인사권이나 자산 처분권과 같은 사장 고유의 권한을 과감히 위임하는 '내려놓음'의 철학이 전제되어야 한다. 그래야만 직원들이 '아메바 경영'의 냉혹함을 견뎌내고, 각각의 작은 조직을 관리함에 있어서 '자율성'을 발휘할 수 있으니 말이다.

사실 이러한 경영철학은 지금과 같은 '저성장의 시대'에 특히 더 빛을 발한다. 고성장 시대의 경영 주체는 경영자였으므로, 경영자의 시장 판단이 무엇보다도 중요했다. 그러나 저성장 시대의 경영 주체는 '전원all'이다. 즉, 임직원 모두가 매출증대와 비용절감과 업무개선을 염두에 두어야 하는 시대가 되었다. 그리고 이런 시대일수록 '전원 참가형 경영'만이 회사를 살리고 발전시킬 수 있는 법이다.

이 '전원 참가형 경영'을 가능하게 하는 시스템이 바로 이나모리 가즈오의 '아메바 경영'이며, 이러한 전략의 지속 가능성을 담보하는 것이 바로 그의 '이타심 경영'이다. 즉, 이 두 가지가 제대로 뿌리내릴 때 직원들은 채산의식과 비용의식을 장착하고 자신이 속한 조직을 직접 경영하겠다는 '소小 사장'의 마인드로 업무에 도전하는 게 가능해진다.

그의 이러한 철학들은 이번에 번역한 이 책에 가장 간결하고도 뚜렷하게 담겨 있다. 그러니 부디 이 책을 통해 이나모리 가즈오의 경영철학이 지금의 기업과 조직에 혁신의 도화선이 되기를, 그리고 개인에게는 '이타심과 자기절제가 겸비된 훌륭한 삶'의 발판이 될 수 있기를 진심으로 바란다.

양준호

KI신서 13452

이나모리 가즈오,
부러지지 않는 마음

1판 1쇄 발행 2025년 4월 9일
1판 3쇄 발행 2025년 5월 15일

지은이 이나모리 가즈오
편집 이나모리 라이브러리
옮긴이 양준호
펴낸이 김영곤
펴낸곳 (주)북이십일 21세기북스

정보개발팀장 이리현
정보개발팀 이수정 김민혜 박종수 김설아
외주편집 정지영 **디자인 표지** THIS-COVER **본문** 이슬기
출판마케팅영업본부장 남정한 나은경 한경화 권채영 최유성 전연우
영업팀 한충희 장철용 강경남 김도연 황성진
제작팀 이영민 권경민
해외기획실 최연순 소은선 홍희정

출판등록 2000년 5월 6일 제406-2003-061호
주소 (10881) 경기도 파주시 회동길 201(문발동)
대표전화 031-955-2100 **팩스** 031-955-2151 **이메일** book21@book21.co.kr

ⓒ 이나모리 라이브러리, 2025
ISBN 979-11-7357-164-0 03320

(주)북이십일 경계를 허무는 콘텐츠 리더

21세기북스 채널에서 도서 정보와 다양한 영상자료, 이벤트를 만나세요!

페이스북 facebook.com/21cbooks   **포스트** post.naver.com/21c_editors
인스타그램 instagram.com/jiinpill21 **홈페이지** www.book21.com
유튜브 youtube.com/book21pub

"인간으로서 무엇이 올바른가?"

40년간의 자료, 원고 선별 기간만 7년,
일본을 넘어 전 세계의 경영인들이 따랐던
이나모리 가즈오 경영철학 집대성!

《경영, 이나모리 가즈오 원점을 말하다》

이나모리 라이브러리 및 다이아몬드사
'이나모리 가즈오 경영 강연 선집' 공동팀 편집
양준호 옮김